LES PROCESSUS CG

**BTS CG 1re année**



# PROCESSUS 3

## Gestion des obligations fiscales

**Édition 2022-2023**

Livre du professeur

**Gérard Antitomaso**
**Dominique Clerc**
**Christine Darlay**
**Alain Larguier**

Nathan
TECHNIQUE

**Édition :** Anna-Tatum Villalba
**Fabrication :** Emmanuelle Perrier


ISBN : 978-2-09-167659-3

# Sommaire

# Chapitre 1
# Conduite de la veille fiscale

## Positionnement du chapitre dans le référentiel

| | |
|---|---|
| **Activité** | 3.1. Conduite de la veille fiscale |
| **Composante d'activité** | 3.1.1. Réalisation de la veille juridique nécessaire à l'application des obligations fiscales<br>3.1.2. Identification des obligations fiscales de l'organisation |
| **Savoirs associés** | – Organisation de l'administration fiscale<br>– Classification des impôts<br>– Notion de régime fiscal<br>– Centres de gestion et associations agréés |
| **Compétences** | – Identifier les règles fiscales applicables à la situation et leurs évolutions<br>– Caractériser les régimes d'imposition de l'entreprise et prendre en compte les obligations réglementaires concernant l'entreprise |
| **Liens P7** | Conduite de veille régulière et documentée à l'aide des outils numériques |
| **Vers Pix** | 1.1. Mener une recherche et une veille d'information<br>3.1. Développer des documents textuels |

## Travail à faire (p. 4)

### I. L'analyse fiscale des dépenses et des encaissements de M. Renaud

**1. Qualifier la catégorie de revenu perçu par M. Renaud et préciser à quel impôt ce revenu est soumis.**

M. Renaud, en tant que salarié, perçoit un revenu tiré de son travail qui est soumis à l'impôt sur le revenu (IR) dans la catégorie « Traitements et salaires ».

**2. Repérer et qualifier les différents impôts dont est redevable M. Renaud en fonction de la nature de l'opération figurant sur le relevé de banque.**

| Éléments | Impôt sur le revenu | Impôt sur la dépense | Impôt sur le capital | Impôt direct | Impôt indirect |
|---|---|---|---|---|---|
| Super U : TVA et autres taxes | | ✓ | | | ✓ |
| Carte Visa, Esso : TVA et TICPE | | ✓ | | | ✓ |
| Carte Visa, restaurant : TVA et autres taxes (alcool) | | ✓ | | | ✓ |
| Prélèvement taxe foncière | | | ✓ | ✓ | |
| Prélèvement à la source IR sur salaire | ✓ | | | ✓ | |
| Prélèvement taxe d'habitation | | | ✓ | ✓ | |

| Éléments | Impôt sur le revenu | Impôt sur la dépense | Impôt sur le capital | Impôt direct | Impôt indirect |
|---|---|---|---|---|---|
| Prélèvement EDF : TVA | | ✓ | | | ✓ |
| Super U : TVA et autres taxes | | ✓ | | | ✓ |

## II. Le choix d'une structure juridique et ses incidences

**3. Identifier les différentes structures juridiques qui s'offrent à M. Renaud dans le cadre de son projet en envisageant deux éventualités. Justifier vos choix.**

**– Soit M. Renaud sera seul dans cette création d'entreprise.**

M. Renaud peut choisir l'entreprise individuelle, l'EURL ou la SASU. Ces structures permettent à une personne seule de créer son entreprise.

**– Soit il s'associera avec un collègue de travail.**

M. Renaud peut choisir la SARL ou la SAS. Ces structures lui permettent de s'associer pour la création de son entreprise. La SA est possible (puisqu'il faut un minimum de 2 associés si la SA n'est pas cotée, mais l'administration est plus complexe que la SAS). Est exclue l'association (qui est à but non lucratif).

**4. Présenter, sous forme de tableau, les caractéristiques de ces structures en envisageant les différents critères que M. Renaud souhaite prendre en compte.**

M Renaud souhaite créer son entreprise courant 2020-2021, soit avant la mise en application de la loi en faveur de l'activité professionnelle indépendante en 2022.

| Structure juridique | Responsabilité de M. Renaud | Mode d'imposition du bénéfice | Régime fiscal de M. Renaud | Régime social de M. Renaud |
|---|---|---|---|---|
| EI | Illimitée sur l'ensemble des biens personnels | – Pas d'imposition au niveau de l'entreprise<br>– Imposition de l'exploitant au titre de l'IR | IR dans la catégorie « BIC », car l'activité est commerciale | Régime des travailleurs non salariés |
| EIRL | Responsabilité limitée au patrimoine professionnel déclaré | *Idem* | *Idem* | *Idem* |
| EURL | Limitée au montant des apports | *Idem* | *Idem* | Gérant associé unique donc régime des travailleurs non salariés |
| SASU | *Idem* | Impôt sur les sociétés | IR dans la catégorie « Traitements et salaires » en tant que président | Régime des salariés en tant que président |
| SARL | *Idem* | *Idem* | IR dans la catégorie des rémunérations de dirigeant (*idem* « Traitements et salaires ») | Gérant majoritaire donc régime des travailleurs non salariés |

 

**5. Préciser quelle est, à votre avis, la structure la mieux adaptée à chacune des deux éventualités. Votre choix serait-il différent si M. Renaud décide de créer son entreprise en 2022.**

• Si M. Renaud est seul dans cette création d'entreprise, seule l'EIRL est adaptée à son projet professionnel, car elle lui permettra :
– d'être exploitant ;
– de protéger son patrimoine personnel.

• S'il s'associe avec un collègue de travail, seule la SARL permettra de répondre aux critères retenus par M. Renaud (poste de gérant majoritaire sous le régime social des travailleurs non-salariés).

Si M. Renaud décide de créer son entreprise en 2022, il pourra bénéficier des dispositions de la loi sur l'activité professionnelle indépendante. S'il décide de créer seul son entreprise, l'EI sera la mieux adaptée. Le patrimoine utile à son activité constituera son patrimoine professionnel sans nécessité comme pour l'EIRL de déclarer un patrimoine d'affectation professionnel. Il pourra ainsi être exploitant et protéger son patrimoine personnel sans formalité particulière.

## III. Structure juridique, régime d'imposition et obligations fiscales et comptables

**6. Indiquer le régime fiscal d'imposition dont dépendra l'entreprise de M. Renaud. Justifier votre réponse.**

**7. Préciser comment sera déterminé le bénéfice qui servira de base à l'impôt sur les revenus dégagés dans le cadre de l'activité professionnelle.**

**8. Indiquer qui sera redevable de cet impôt sur le revenu.**

**9. Indiquer si l'activité de M. Renaud sera soumise à la TVA et préciser les conséquences qui en découlent.**

**10. Préciser les obligations comptables que M. Renaud devra respecter.**

| Questions | EIRL/EI (2022) | SARL |
|---|---|---|
| **6** | Compte tenu de la structure juridique, de l'activité de vente de biens et du CA HT < 176 200 €, l'EIRL/EI relève du régime micro. | Compte tenu de la structure juridique, de l'activité de vente de biens et du CA < 818 000 €, la SARL relève du régime du réel simplifié. |
| **7** | Bénéfice imposable : calcul forfaitaire (70 000 × 29 % = 20 300 €). | Bénéfice qui servira de base au calcul du résultat imposable : bénéfice réel (90 000 – 72 000 = 18 000 €). |
| **8** | M. Renaud sera redevable de l'IR. | La SARL sera redevable de l'IS. |
| **9** | Compte tenu du CA HT < 85 800 €, l'activité de l'EIRL/EI bénéficiera d'une franchise en base : pas de TVA facturée sur les ventes, ce qui fait obstacle à la récupération de la TVA sur les achats. | Activité commerciale soumise de plein droit à la TVA : TVA facturée sur les ventes et récupérée sur les achats. |
| **10** | Dans la mesure où l'activité relève du régime micro, les obligations comptables sont allégées :<br>– tenue d'un simple livre des recettes ;<br>– tenue d'un registre des achats ;<br>– dispense de bilan et de compte de résultat. | Tenue d'une comptabilité complète et régulière : livre journal, livre d'inventaire, bilan, compte de résultat et annexes (liasse fiscale). |

## IV. L'évolution de l'entreprise

**11. Rédiger la réponse au mail de M. Renaud en précisant, notamment :**
**a. le changement de régime induit par l'évolution du chiffre d'affaires ;**
**b. les conséquences au niveau : de la TVA, de la détermination du bénéfice servant de base à l'impôt et des obligations déclaratives.**

| | |
|---|---|
| De | expertplus@orange.fr |
| À | renaudbio@sfr.fr |
| Date | 12/12/2021 |
| Objet | Re : Conseil sur l'évolution de mon entreprise |

Bonjour M. Renaud,

Compte tenu de l'évolution du chiffre d'affaires généré par votre activité, celui-ci va dépasser les limites autorisées pour conserver le bénéfice de la franchise en base de TVA. Le régime fiscal de votre EIRL va devoir évoluer, car votre activité sera assujettie à la TVA. Cependant, dans la mesure où votre CA reste inférieur au seuil de 176 200 € vous pouvez continuer de bénéficier du régime d'imposition du micro-BIC.

En conséquence, l'activité de votre entreprise sera soumise à la TVA et vous pourrez donc récupérer la TVA sur vos achats. La détermination du bénéfice d'imposition de l'EIRL se fera toujours de façon forfaitaire. Vous continuerez à bénéficier d'obligations allégées. Seule la tenue d'un livre aux pages numérotées sur lequel est inscrit de façon chronologique le montant de chacune des opérations taxables ou non à la TVA sera exigée afin de pouvoir déterminer le montant de la TVA dont vous serez redevable.

Vous pouvez cependant décider d'opter pour le régime réel simplifié d'imposition. Vous devrez tenir une comptabilité plus détaillée et présenter une liasse fiscale, mais le bénéfice d'imposition sera déterminé d'après la réalité des opérations effectuées.

Nous restons à votre disposition pour de plus amples informations et vous accompagner dans vos démarches futures.

Cordialement,

M. Arto

Collaborateur ExpertPlus

## V. L'entreprise et ses partenaires

**12. Préciser à M. Renaud le texte de loi qui est voté chaque année et qui autorise l'État à prélever les impôts. Dans quel code trouve-t-on l'ensemble des textes relatifs aux impôts ?**

Le texte de loi qui est voté chaque année par le Parlement et autorise l'État à prélever les impôts est la loi de finances.

L'ensemble des textes relatifs aux impôts est regroupé dans le Code général des impôts (CGI).

**13. Indiquer à M. Renaud de quel service du centre des finances publiques il dépend maintenant dans le cadre de son activité professionnelle et pour quelles opérations.**

Le service des impôts des entreprises (SIE) sera l'interlocuteur unique de M. Renaud pour toutes les déclarations fiscales et le paiement des principaux impôts professionnels (déclarations de résultats, de TVA, de cotisation foncière des entreprises, de cotisation sur la valeur ajoutée des entreprises…).

**14. Expliquer à M. Renaud l'utilité d'adhérer à un CGA ainsi que l'avantage fiscal qu'il en retirera. Pourrait-il confier la tenue de sa comptabilité au CGA ?**

L'adhésion à un CGA permettra à M. Renaud de bénéficier d'une assistance en matière :
– de gestion ;
– fiscale ;
– de formation.

Le CGA établira chaque année un rapport de contrôle sur la régularité, la concordance et la vraisemblance des déclarations.

L'adhésion à un CGA procure un avantage fiscal à M Renaud :

– le bénéfice fiscal dégagé par l'EIRL qui relève d'un régime réel d'imposition sera imposable à l'IR au titre des BIC sans majoration. Cet avantage fiscal est appelé à disparaître progressivement d'ici 2023.

*NB* À compter des exercices clos en 2018, l'intégralité du salaire du conjoint de l'exploitant est déductible du résultat fiscal de l'EIRL imposable dans la catégorie des BIC que l'entreprise soit ou non adhérente à un CGA. La limite de 17 500 € disparaît.

Le CGA n'établit pas les comptes et ne tient pas la comptabilité de ses adhérents.

**15. Indiquer sous quelle forme M. Renaud devra déclarer et payer les impôts dont il sera redevable dans le cadre de son activité professionnelle. A-t-il l'obligation d'y recourir ?**

M. Renaud devra obligatoirement avoir recours aux téléprocédures pour télédéclarer et télépayer les principaux impôts dont il sera redevable dans le cadre de son activité professionnelle : déclaration et paiement de TVA, déclaration des résultats, déclaration et paiement de la CVAE, paiement de la CFE.

P7 **16. Quelle différence faites-vous entre EDI et EFI ? Préciser comment est assurée la sécurité informatique de ces déclarations électroniques.**

En mode EFI (échange de formulaires informatisés), les téléprocédures se font à partir de l'espace abonné de l'EIRL sur le site impots.gouv.fr. Cette procédure est simple d'utilisation et gratuite, mais les données générées par le logiciel doivent être saisies. Lors de la création de son espace abonné, l'entreprise doit détenir un certificat électronique référencé par le ministère des Finances et délivré par une autorité de certification. Elle doit ensuite adhérer aux services en ligne en signant le formulaire d'adhésion à adresser au service des impôts des entreprises afin d'obtenir les habilitations nécessaires.

En mode EDI (échange de données informatisées), les téléprocédures se font par le biais d'un partenaire EDI qui transmet les déclarations à partir des fichiers générés par le logiciel comptable de la société. Être partenaire EDI nécessite des compétences informatiques et techniques, notamment pour assurer la sécurisation des échanges EDI (ex. : génération de biclés) et pour effectuer les télétransmissions (ex. : paramétrage et gestion des supports de transmission). Il doit également prendre en compte les cahiers des charges des procédures EDI mises en œuvre.

## VI. Mise en œuvre d'une veille informationnelle

P7 **17. Rédiger une note à l'attention de M. Arto afin de lui présenter les flux RSS (définition, intérêt, mise en œuvre) et l'outil spécifique dont doit disposer l'utilisateur de ces flux afin de pouvoir les exploiter. Donner des exemples.**

Note
À l'attention de M. Arto                                                    Date :
Objet : Veille informationnelle et flux RSS

Vous souhaitez faire évoluer votre pratique de veille informationnelle avec deux objectifs : être tenu informé des nouveautés comptables, fiscales, sociales et juridiques en temps réel dans les seuls domaines qui vous concernent et organiser l'archivage de ces informations.

Afin de vous faciliter l'accès aux sources d'information, vous pouvez tout d'abord souscrire un abonnement aux listes de diffusion des sites Internet que vous consultez régulièrement. Vous recevrez périodiquement par mail des lettres d'information (newsletter) composées de texte et de liens renvoyant vers le site en question vous permettant d'accéder aux articles sélectionnés. L'information vous sera directement adressée sans que vous ayez besoin de renouveler régulièrement les mêmes recherches.

Par contre, l'organisation, la lecture et l'archivage ne seront pas améliorés. C'est la raison pour laquelle il est préférable de souscrire à des flux RSS.

Il s'agit d'un fichier texte particulier dont le contenu est produit automatiquement en fonction des mises à jour d'un site web. Il se compose des titres des mises à jour, d'une brève description du contenu et des liens hypertextes correspondants.

Le contenu du « flux RSS » est importé dans votre propre page web, à intervalles réguliers, par un outil approprié : le lecteur RSS. Ce lecteur permet de s'abonner à des flux RSS, de les agréger et de les classer dans une interface personnalisable. On trouve parmi les différents lecteurs les navigateurs web dont Internet Explorer, Firefox ou Chrome, ou encore des lecteurs plus performants en matière de classement, tel que Netvibes.

P7 **18. Aller sur le site service-public.fr et repérer s'il permet de souscrire gratuitement à un flux RSS.**

L'étudiant accède au site service-public.fr à partir de l'adresse suivante : https://www.service-public.fr/professionnels-entreprises.

En bas de page, se trouve l'icône permettant de repérer que le site publie un flux RSS :

**P7** **19. Repérer parmi les flux RSS proposés ceux de nature fiscale qui pourraient être utiles au cabinet Expertplus. Donner le lien de ces flux.**

Parmi « Les fils RSS par thème pour les professionnels et les entreprises », l'étudiant trouve les « Fils RSS par thème » dont celui relatif à la fiscalité.

Les fils RSS par thème pour les professionnels et les entreprises

Fils RSS par thème

**Commerce :**

https://www.service-public.fr/abonnements/rss/actu-th-commerce.rss

**Création - cessation :**

https://www.service-public.fr/abonnements/rss/actu-th-creation-cessation.rss

**Fiscalité :**

https://www.service-public.fr/abonnements/rss/actu-th-fiscalite.rss ←

**Gestion - Finance :**

https://www.service-public.fr/abonnements/rss/actu-th-gestion-finance.rss

**Ressources humaines :**

https://www.service-public.fr/abonnements/rss/actu-th-ressourceshumaines.rss

# Corrigé des applications

## Application 1 — Testez vos connaissances (p. 17)

**• Répondre aux questions de ce QCM en indiquant si l'affirmation est vraie ou fausse. Justifier la réponse.**

| Proposition | Vrai | Faux | Justification |
|---|---|---|---|
| **1.** La TVA est un impôt direct. | | × | La TVA est un impôt indirect qui est collecté par les entreprises et à la charge du consommateur final. |
| **2.** L'impôt sur le revenu est la recette fiscale la plus importante de l'État. | | × | C'est la TVA, qui représente environ 33 % des recettes totales, mais cette part décroît. La baisse de la part de la TVA dans le budget de l'État s'explique par l'affectation d'une fraction des recettes de TVA au budget de la Sécurité sociale et par le transfert de TVA vers les collectivités locales au titre de la réforme des impôts locaux et du pacte productif. |
| **3.** Un ménage qui détient un portefeuille de titres a perçu 250 € de dividendes. Il déclarera ce revenu à l'impôt sur le revenu dans la catégorie des BIC. | | × | Les revenus de titres perçus par des particuliers sont à déclarer dans la catégorie des revenus de capitaux mobiliers (RCM). |
| **4.** Liquider un impôt, c'est procéder à son paiement. | | × | C'est procéder à son calcul. |
| **5.** Le recouvrement de l'impôt sur le revenu fait l'objet d'un prélèvement à la source en France. | × | | L'IR est recouvré par prélèvement à la source depuis le 1er/01/2019. |
| **6.** La base imposable de la TVA est constituée par le montant HT facturé. | × | | Il s'agit d'un montant net HT. |
| **7.** Le bénéfice dégagé par une SA est imposé au titre de l'impôt sur les sociétés. | × | | La SA est soumise de plein droit à l'IS. Ce dernier se calcule sur le bénéfice fiscal au taux de 25 % en 2022 et/ou 15 % pour les PME. |
| **8.** L'exploitant individuel d'une entreprise de plomberie déclare son bénéfice professionnel à l'impôt sur le revenu dans la catégorie « Traitements et salaires ». | | × | Il déclare à l'IR dans la catégorie des BIC son bénéfice professionnel (bénéfice fiscal). |
| **9.** Une entreprise individuelle relève toujours du régime de la microentreprise. | | × | Cela dépend de son chiffre d'affaires et de l'option éventuellement exercée. |
| **10.** Une EIRL de retouche de vêtements soumise au régime micro et dont le CA HT s'élève à 68 000 € en 2020 et à 75 000 € en 2021, relève au titre de 2022 du régime réel d'imposition. | | × | Le régime micro continue de s'appliquer en 2022, car le seuil de 72 600 € n'est dépassé qu'en 2021 et non pendant 2 années consécutives (sauf option pour un régime réel). |
| **11.** Une SARL relève toujours du régime réel d'imposition. | × | | Les sociétés ne peuvent pas bénéficier du régime micro. |
| **12.** Une SA qui fabrique du mobilier de jardin dont le chiffre d'affaires est de 692 000 € relève du régime réel normal d'imposition. | | × | Son CA HT de ventes de biens étant inférieur à 818 000 €, elle relève de plein droit du régime du réel simplifié, mais elle a pu opter pour le régime du réel normal. |

| Proposition | Vrai | Faux | Justification |
|---|---|---|---|
| **13.** L'impôt sur la fortune immobilière (IFI) est un impôt sur le revenu. | | × | L'IFI est un impôt sur le capital. |
| **14.** Une entreprise qui relève du régime du réel d'imposition peut déduire la TVA facturée sur ses achats. | × | | Si les conditions de déductibilité sont remplies. |
| **15.** Une entreprise de fabrication qui relève du régime d'imposition micro-BIC n'est jamais redevable de la TVA sur ses ventes. | | × | Les seuils du régime micro ne sont pas alignés sur ceux de la franchise de TVA. Si le CA HT dépasse le seuil de 85 800 €, l'entreprise ne bénéficiera pas de la franchise de TVA et sera assujettie à la TVA. |

## Application 2 – Le livre numérique (p. 18)

**1. Préciser l'objet du litige évoqué dans cet article.**

La France considère qu'au même titre qu'un livre papier, le livre numérique doit bénéficier du taux réduit de TVA à 5,5 %. La Commission européenne considère le livre numérique comme une prestation de service qui doit subir le taux normal de TVA à 20 %.

**2. Indiquer qui est à l'origine du recours et justifier que le tribunal saisi soit la CJUE.**

C'est la Commission européenne qui est à l'origine du recours. S'agissant du non-respect d'une réglementation européenne, le tribunal compétent est bien la CJUE.

**3. Expliquer la décision prise par le tribunal et ses motifs.**

Le livre numérique est considéré par la Commission européenne comme une prestation de service passible du taux de TVA de 20 %. La CJUE a rendu un arrêt estimant que le livre numérique doit bien bénéficier d'un taux de 20 % et non de 5,5 % comme sur les livres papier.

*Pour ceux qui veulent aller plus loin :*

***L'application du taux normal de TVA aux livres électroniques est conforme au droit de l'Union***

*Dans le cadre d'un recours préjudiciel introduit par la Cour constitutionnelle de Pologne, la Cour de justice de l'Union européenne a jugé que la directive 2006/112 modifiée (dir. 2006/112, art. 98, paragraphe 2 et point 6 de l'annexe III) qui a pour effet d'exclure la possibilité pour les États membres d'appliquer un taux réduit de TVA à la fourniture de livres numériques par voie électronique, tout en les autorisant à appliquer un taux réduit de TVA à la fourniture de livres numériques sur tout type de support physique, ne méconnaît pas le principe d'égalité de traitement énoncé à l'article 20 de la Charte des droits fondamentaux de l'Union européenne.*

*Dès lors, cette différence de traitement dans l'application des taux de TVA des livres numériques sur tout type de support physique (taux réduit) et des livres numériques par voie électronique (taux normal) est conforme au droit de l'Union.*

*Cette jurisprudence communautaire vient conforter celle déjà énoncée par la Cour dans un arrêt du 5 mars 2015 (CJUE 5 mars 2015, n° 479/13) où le juge avait conclu que l'application du taux de TVA de 5,5 % sur la fourniture de livres numériques par voie électronique est contraire au droit communautaire dans la mesure où le livre électronique est dépourvu de support physique.*

*En l'absence de support physique, la fourniture de livres numériques par voie électronique constitue un service électronique.*

*Or, les services électroniques, en application du droit de l'Union, ne peuvent en aucune façon bénéficier du taux réduit de TVA.*

*CJUE 7 mars 2017, n° 390/15*

*http://revuefiduciaire.grouperf.com/depeches/38756.html*

**4. Indiquer quelles en étaient les conséquences pour la France en matière de législation fiscale.**

La France va devoir modifier sa législation fiscale en adoptant le taux de TVA de 20 % sur les livres numériques, sauf si les autres membres de l'UE décident à l'unanimité de changer la législation actuelle pour permettre l'application d'un taux réduit de TVA sur les livres numériques.

**5. Préciser les sources du droit évoquées ici.**

Ce sont les directives européennes qui s'imposent aux 27 États membres et s'opposent à la législation française.

**6. Indiquer comment se prennent les décisions au niveau européen en matière fiscale.**

Les décisions en matière fiscale doivent se prendre à l'unanimité des membres de l'UE.

P7 **7. Effectuer une recherche Internet afin de présenter les dernières modalités de taxation à la TVA du livre numérique. Quels sont les arguments qui ont été avancés pour justifier l'évolution de cette taxation ?**

La Commission européenne a entériné en décembre 2016 l'alignement de la TVA des livres numériques sur celle des livres imprimés. Le Parlement européen adopte en 2018 une directive qui précise que fiscalement, le livre numérique ne sera plus assimilé à un service, mais bien à un livre donc avec les mêmes caractéristiques.
Le 2/10/2018, le Conseil des affaires économiques approuve la proposition de la Commission européenne formulée deux ans plus tôt, autorisant les États membres à introduire un taux réduit, super réduit ou nul, pour les publications numériques, y compris les ebooks.

Les principaux arguments invoqués dans la directive adoptée par le Parlement pour justifier l'alignement des taux de TVA sont les suivants :

– la taxation à taux normal crée un désavantage pour les publications fournies par voie électronique et freine le développement de ce marché. Ce désavantage comparatif pourrait entraver le développement de l'économie numérique dans l'Union ;

– l'une des caractéristiques essentielles de la TVA est d'être fondée sur le principe de la neutralité et donc « tous les livres, journaux et magazines, quel que soit leur format, devraient être assujettis au même régime » ;

– l'abaissement du taux de TVA devrait permettre de stimuler l'innovation, la création, l'investissement et la production de nouveaux contenus, et faciliter l'apprentissage numérique, la transmission du savoir ainsi que l'accès à la culture et sa promotion dans l'environnement numérique ;

– le fait d'octroyer aux États membres la liberté d'appliquer des taux réduits ou très réduits de TVA pour les livres, les journaux et les périodiques électroniques devrait permettre aux éditeurs de réaliser de nouvelles marges de profit et d'investir dans de nouveaux contenus, en comparaison avec le modèle actuel qui dépend en grande partie de la publicité.

*« La décision d'aujourd'hui résout enfin un problème de longue date : qu'un livre soit de papier ou numérique, commandé en ligne ou acheté dans une librairie, il convient d'éviter tout traitement fiscal qui entraverait l'accès à la lecture ».*

*Fédération européenne et internationale des libraires, 2 octobre 2018.*

*Pour ceux qui veulent aller plus loin :*

*Site du Parlement européen :*
*http://www.europarl.europa.eu/sides/getDoc.do?type=TA&reference=P8-TA-2018-0233&language=FR&ring=A8-2018-0189*

**8. Préciser si une harmonisation des taux de TVA existe au sein de l'UE.**

Chaque pays membre de l'UE utilise des taux réduits ou normaux différents.
Exemples au 1er/01/2022 :

| | Taux réduit | Taux intermédiaire | Taux normal |
|---|---|---|---|
| France | 2,1 % et 5,5 % | 10 % | 20 % |
| Luxembourg | 3 % et 8 % | 14 % | 17 % |
| Allemagne | 7 % | | 19 % |
| Suède | 6 % | 12 % | 25 % |

P7

**9. Rechercher quelles sont les dernières propositions de la Commission européenne en matière de réforme des taux de TVA.**

Dans le cadre d'un ensemble de mesures visant à réformer la directive TVA, la Commission a proposé (conseil du 18 janvier 2018 [COM/2018/20]) un projet de directive relative aux taux de TVA. Les États membres pourraient ainsi appliquer deux taux réduits au maximum qui ne seraient pas inférieurs à 5 %. Dans l'ensemble, le taux moyen appliqué par un État membre ne pourrait pas être inférieur à 12 %. Enfin, contrairement aux dispositions actuelles qui fixent une liste de biens et services pouvant faire l'objet d'un taux réduit, la directive modifiée établirait une liste des biens et services ne pouvant pas faire l'objet de taux réduits.

*Pour ceux qui veulent aller plus loin :*

***Réforme de l'encadrement des taux***

*Actuellement, la directive TVA autorise l'application dans chaque État membre d'un taux normal de la taxe qui doit être au moins égal à 15 % et deux taux réduits qui ne peuvent être inférieurs à 5 %. Les États membres ne sont autorisés à faire application d'un taux réduit de la taxe qu'aux livraisons de biens et prestations de services relevant de l'une des catégories énumérées à l'annexe III de la directive.*

*Par dérogation à ces règles générales et dans l'attente de l'adoption d'un régime définitif qui n'est jamais venu, les États membres continuent d'appliquer des taux particuliers qui ne répondent pas aux critères rappelés ci-dessus. Selon la Commission, 250 taux dérogatoires seraient actuellement appliqués dans les États membres de l'UE.*

*Puisque les principes de fonctionnement du système de la TVA devraient à l'avenir être fondés sur un principe d'imposition au lieu de destination, la Commission, confortée par plusieurs études menées sur cette question, estime possible de laisser aux États membres une plus grande liberté pour la fixation des taux sans risque de voir le fonctionnement du marché unique perturbé par les écarts de taux pratiqués dans les différents États membres.*

*Suivant cette analyse, le projet de directive permettrait aux États membres d'appliquer les taux de leur choix aux biens et services imposables sur le territoire dans la limite de l'encadrement suivant :*

*– en plus d'un taux normal au moins égal à 15 % et des deux taux réduits au moins égaux à 5 % dont ils disposent actuellement, les États membres pourraient appliquer un taux compris entre 0 et 5 % et un taux 0 (les opérations bénéficiant du taux 0 ne sont pas soumises à la TVA, mais ouvrant néanmoins droit à la déduction de la taxe qui grève le coût de leur production pour les opérateurs qui les commercialisent) ;*

*– chaque État membre devrait veiller à ce que la combinaison des différents taux aboutisse à un taux moyen pondéré d'imposition supérieur à 12 % ;*

*– l'application d'un taux réduit serait interdite dans tous les États membres pour les biens et services limitativement énumérés par la directive. [...]*

*Corrélativement, tous les taux particuliers appliqués jusqu'à présent par les différents États membres seraient supprimés à l'exception, pour le Portugal, des taux spécifiques aux régions autonomes des Açores et Madère.*

*Par rapport à l'existant, la France pourrait conserver l'actuel taux de 2,1 % ainsi que les taux spécifiques appliqués dans les départements et territoires d'outre-mer où la directive ne s'applique pas, mais devrait mettre un terme aux taux particuliers à la Corse. Elle gagnerait la possibilité de recourir à un taux 0 qui n'est actuellement pas appliqué.*

*Selon le projet publié, cette réforme entrerait en vigueur [...] au 1er janvier 2022.*

*Francis Lefebvre*

*TVA réduites en Europe sur certains produits*

*Publié le 07/12/2021*
*La liste des biens et services éligibles aux taux de TVA réduits (jusqu'à 5%), «super-réduits» (en dessous de 5%) ou au taux zéro, sera élargie.*
*La liste des biens et services éligibles aux taux de TVA réduits (jusqu'à 5%), «super-réduits» (en dessous de 5%) ou au taux zéro, sera élargie.* *LUDOVIC MARIN / AFP*

*Les vingt-sept ministres des Finances se sont mis d'accord, mardi, sur une harmonisation des règles.*

*Les pays de l'Union européenne pourront pratiquer des taux de TVA réduits sur les vélos, l'accès à internet ou les panneaux solaires. Les vingt-sept ministres des Finances se sont mis d'accord, mardi, sur une harmonisation des règles de TVA réduites.*

*Si les taux sont variables d'un pays à l'autre, ils doivent au minimum être de 15%, sauf pour un certain nombre de produits et services bénéficiant de taux réduits jusqu'à 5%, voire zéro. Cette liste a été revue pour être mise en adéquation avec les priorités européennes de la transition verte et de la numérisation. Les taux réduits en faveur de produits polluants, comme les engrais chimiques ou les pesticides, vont disparaître dans les dix ans à venir.*

*À l'inverse, les équipements liés aux économies d'énergie ou au numérique vont pouvoir bénéficier de TVA réduite. Des articles de santé, comme les masques chirurgicaux, moyens de contraception ou tampons hygiéniques pourront aussi en bénéficier. De même qu'un certain nombre de biens et services culturels, comme le théâtre, le cinéma, les concerts, livres ou journaux. La France a aussi réussi à faire inscrire une exception pour les élevages de chevaux. Et les dérogations historiquement accordées à certains États seront désormais ouvertes à tous. La directive les autorise aussi à modifier « rapidement » leurs règles de TVA en cas d'événements exceptionnels, comme des pandémies ou des catastrophes naturelles.*

*Cet accord est l'aboutissement de plus de quatre ans de négociations sur ce dossier controversé. Le projet initial, lancé en 2018, proposait de laisser aux États toute latitude pour choisir les biens et services bénéficiant de taux réduits, et d'abandonner une liste précédente de produits éligibles datant de 1992.*

*Le texte doit à présent être examiné par le Parlement européen pour avis d'ici à mars 2022, avant d'être à nouveau soumis aux États membres en vue de son adoption formelle.*

# Chapitre 1 — Synthèse

## I. Définition et classifications des impôts

La loi de finances, votée chaque année par le Parlement sur proposition du gouvernement, autorise l'État à prélever les recettes fiscales. Le Code général des impôts (CGI) regroupe l'ensemble des dispositions (lois, décrets…) relatives à la fiscalité.

L'une des classifications des impôts est la suivante :
– l'impôt sur le revenu (IR), l'impôt sur la dépense et l'impôt sur le capital selon la matière imposable (revenus perçus, utilisation du revenu et patrimoine) ;
– les impôts directs et indirects selon qu'ils sont versés à l'administration fiscale, soit directement par le contribuable, soit par l'intermédiaire d'entreprises à l'occasion d'opérations économiques.

## II. Régimes d'imposition et forme juridique de l'entreprise

• Les bénéfices générés par une entreprise qui exerce une activité commerciale, industrielle ou artisanale sont soumis à l'impôt sur le revenu selon la forme juridique de l'entreprise :
– une entreprise individuelle est redevable de l'impôt sur le revenu dans la catégorie des bénéfices industriels et commerciaux (BIC) ;
– une société est redevable de l'impôt sur les sociétés (IS).

• Selon son statut juridique, son activité et son chiffre d'affaires HT, l'entreprise relève d'un régime d'imposition qui détermine ses obligations fiscales. On distingue :
– le régime réel d'imposition (normal ou simplifié) : l'entreprise tient une comptabilité régulière, déclare ses résultats, collecte et déduit la TVA ;
– le régime de la microentreprise : il est réservé à l'entreprise individuelle, les obligations fiscales sont allégées, d'où une détermination forfaitaire du bénéfice imposable. Ces entreprises peuvent selon le montant de leur CA bénéficier de la franchise de TVA.

## III. L'administration fiscale

Au niveau local, deux services sont présents dans les centres de finances publiques :
– le service des impôts des particuliers (SIP) pour toutes les démarches en matière fiscale (déclaration et recouvrement des impôts) des personnes physiques ;
– le service des impôts des entreprises (SIE) pour toutes les démarches en matière fiscale des PME en matière d'impôts dont elles sont redevables : TVA, IS, cotisation foncière des entreprises (CFE), cotisation sur la valeur ajoutée des entreprises (CVAE)…

## IV. Les centres de gestion agréés (CGA)

Les CGA proposent aux PME une assistance en matière de formation, de gestion et de contrôle des comptes, mais n'assurent pas la tenue de la comptabilité. Ils offrent à leurs adhérents, exploitants imposés à l'IR et relevant du régime réel, des avantages fiscaux, notamment la non-majoration du bénéfice imposable qui sera soumis à l'IR. Cette majoration sera progressivement supprimée d'ici 2023.

## V. Les téléprocédures

Toute entreprise doit télédéclarer et télépayer les impôts dont elle est redevable :
– soit en mode EFI (échange de formulaires informatisés) par la saisie des données sur le site sécurisé www.impots.gouv.fr depuis l'espace « abonné » de l'entreprise ;
– soit en mode EDI (échange de données informatisées), par l'intermédiaire d'un partenaire EDI (expert-comptable ou autre), mandaté, qui transmet à la DGFiP les fichiers générés par le logiciel professionnel.

## VI. Mise en œuvre d'une veille informationnelle

Les enjeux de la veille informationnelle sont de permettre à l'entreprise de disposer des dernières informations fiables et pertinentes, de les organiser et de les archiver sous forme de tableaux de bord personnalisables.

L'utilisateur peut soit avoir recours à des abonnements à des lettres d'information envoyées par mail et contenant des liens hypertextes, soit se constituer, grâce à un lecteur RSS, une page personnelle qui regroupe tous les fils RSS auxquels il s'abonne. Ces fils, produits automatiquement dès la mise à jour d'un site, contiennent des liens hypertextes.

# Chapitre 2
# Champ d'application de la TVA

## Positionnement du chapitre dans le référentiel

| | |
|---|---|
| **Activité** | 3.2. Traitement des opérations relatives à la TVA |
| **Situation de travail** | 3.2.1. Préparation de la déclaration de TVA |
| **Savoirs associés** | – Champ d'application de la TVA<br>– Règles de territorialité de la TVA |
| **Compétence** | Appliquer les règles fiscales d'exigibilité, de déductibilité et de territorialité |
| **Liens P7** | Conduite de veille régulière et documentée à l'aide des outils numériques |
| **Vers Pix** | 1.1. Mener une recherche et une veille d'information |

## Travail à faire (p. 20)

### I. Base imposable et champ d'application de la TVA

**1. Préciser la base théorique imposable de la TVA et qui en est le redevable final.**

La TVA a pour base théorique imposable la valeur ajoutée.

C'est le consommateur qui en est le redevable final.

**2. Préciser si l'activité de la SARL Ombre et Lumière entre dans le champ d'application de la TVA. Justifier votre réponse.**

Les opérations réalisées par la SARL Ombre et Lumière sont imposables par nature à la TVA, car elles remplissent les trois conditions suivantes :
– la société a pour activité la fabrication de stores et de bâches ⇒ livraison de biens ;
– les opérations sont effectuées à titre onéreux ;
– la SARL est une personne morale qui effectue une activité économique à titre habituel et de manière indépendante, elle est donc assujettie.

**3. Indiquer à quel titre chacune des opérations réalisées entre dans le champ d'application de la TVA.**

| N° | Imposable par nature | Imposable par disposition spéciale | Exonérée ou non soumise | Imposable sur option | Commentaires |
|---|---|---|---|---|---|
| 1 | × | | | | Opération qui remplit les trois conditions : livraison de biens par un assujetti à titre onéreux en France. |

| N° | Imposable par nature | Imposable par disposition spéciale | Exonérée ou non soumise | Imposable sur option | Commentaires |
|---|---|---|---|---|---|
| 2 | | | × | | Exportation : opération exonérée de plein droit. |
| 3 | × | | | | La principauté de Monaco est assimilée à la France en matière de TVA. |
| 4 | | | × | | La Martinique est un DROM considéré comme un territoire d'exportation par rapport à la France métropolitaine en matière de TVA. |
| 5 | | | × | | La livraison intracommunautaire est exonérée de plein droit car l'acquéreur (ici, un Espagnol) est un assujetti qui a fourni son NII (numéro d'identification intracommunautaire). Les quatre conditions sont remplies. |
| 6 | × | | | | L'acquéreur est un particulier non assujetti qui n'a pu fournir son NII. L'une des quatre conditions n'est pas remplie.<br>NB Ventes à distance dont le seuil de 10 000 € n'a pas été dépassé par l'entreprise qui n'a exercé aucune option. |
| 7 | | × | | | Cession d'un bien meuble d'investissement qui a ouvert droit à déduction lors de son acquisition. |
| 8 | | × | | | Cession d'un bien immeuble dans les 5 ans de son achèvement. |
| 9 | | | × | | LASM pour les besoins de l'exploitation. TVA déduite lors de l'achat des matières premières nécessaires à la fabrication. |
| 10 | | × | | | LASM pour des besoins autres que ceux de l'entreprise : le bien n'est pas affecté à l'exploitation.<br>TVA déduite lors de l'achat des matières premières nécessaires à la fabrication, donc LASM soumise à la TVA. |
| 11 | | | | × | Location d'un immeuble nu à usage professionnel. |
| 12 | | | × | | Opération hors champ car il ne s'agit pas de la livraison d'un bien ou d'un service. |

**P7 4. Vérifier et actualiser si nécessaire le champ d'application et la valeur des taux de TVA applicables en France métropolitaine, disponibles sur le site www.service-public.fr.**

Le champ d'application et les taux (*voir Fiche ressource 2*) ne sont pas à actualiser au moment où ce corrigé est rédigé.

Il appartient à l'étudiant de mettre en place des outils de veille informationnelle afin de se tenir informé de toutes les nouveautés en matière de champ d'application et de taux de TVA.

*NB : La LF pour 2022 prévoit de proroger l'application du taux de 5,5% sur les produits adaptés à la lutte contre la pandémie.*

*Une directive européenne vise à actualiser les taux de TVA, voir encadré ci-dessous.*

Accord de principe sur la proposition de directive visant à actualiser la réglementation communautaire en matière de taux

Le 18 janvier 2018, la Commission a présenté sa proposition visant à modifier une directive du Conseil relative au système commun de TVA en ce qui concerne les taux.

Le 7 décembre 2021, le Conseil est parvenu à un accord sur la proposition visant à actualiser les règles de l'UE en matière de taux de TVA. Ces nouvelles règles tiennent compte des besoins actuels des États membres et des objectifs politiques actuels de l'UE. Les modifications assurent l'égalité de traitement entre les États membres et leur donnent davantage de souplesse dans l'application de taux de TVA réduits et nuls. La liste des biens et services pour lesquels des taux réduits de TVA sont autorisés compte tenu de la transformation numérique de l'économie a été mise à jour. En outre, ces règles supprimeront progressivement les traitements préférentiels accordés pour des biens dommageables pour l'environnement. Le Conseil est convenu de supprimer progressivement, d'ici au 1er janvier 2030, les taux réduits ou les exonérations de TVA sur les combustibles fossiles et les autres biens ayant une incidence similaire sur les émissions de gaz à effet de serre. Les taux réduits et les exonérations pour les engrais et pesticides chimiques prendront fin le 1er janvier 2032, afin de donner plus de temps aux petits agriculteurs pour s'adapter.

En outre, le Conseil a ajouté les biens et services respectueux de l'environnement à la liste des biens pour lesquels des taux réduits sont autorisés, tels que les panneaux solaires, les bicyclettes électriques et les services de recyclage des déchets.

Une fois que le Parlement aura rendu son avis sur la proposition, le Conseil adoptera formellement la directive.

Communiqué.UE, communiqué du 7 décembre 2021.

**5. Préciser et justifier les taux de TVA applicables aux opérations réalisées par la SARL Ombre et Lumière.**

LA SARL Ombre et Lumière applique les taux de TVA suivants :

– 10 % pour l'installation de stores et/ou bâches à destination des particuliers dans des logements de plus de 2 ans ;

– 20 % pour l'installation de stores et/ou bâches à destination des particuliers dans des logements de moins de 2 ans, et des entreprises.

## II. Territorialité

**6. Qualifier et définir l'opération de commerce extérieur liée à chaque facture. Justifier votre réponse.**

**• Ventes à l'étranger**

– Facture n° 1215258 : livraison intracommunautaire → livraison de France à un assujetti d'un pays membre de l'UE (l'Allemagne).

– Facture n° 1215250 : exportation → expédition de France vers un pays n'appartenant pas à l'UE (la Suisse).

**• Achats à l'étranger**

– Facture n° D6515 : acquisition intracommunautaire → acquisition par un assujetti situé en France auprès d'un assujetti d'un État membre de l'UE (la Belgique).

– Facture n° 55AP12 : importation → introduction en France de biens en provenance d'un pays tiers à l'UE (le Maroc).

## III. Régime des ventes à l'étranger

**7. Préciser les conditions à respecter pour que les opérations de vente à l'étranger soient exonérées de TVA.**

**• Pour la livraison intracommunautaire : facture n° 1215258**
– Livraison à titre onéreux
– La SARL Ombre et Lumière est assujettie
– L'acquéreur Im Schaten est un assujetti qui a fourni son NII
– Expédition à destination d'un autre État membre de l'UE

**• Pour l'exportation : facture n° 1215250**
– Tenue d'un registre mentionnant certaines informations liées à l'exportation
– Production d'une déclaration d'exportation visée par le service des douanes (DAU)

**8. Indiquer les mentions obligatoires en matière de TVA qui doivent figurer sur chacune des factures de vente à l'étranger.**

**• Pour la livraison intracommunautaire : facture n° 1215258**
– NII du client, NII du vendeur
– Facturation HT avec la mention : « Exonération de TVA, article 262 ter du CGI »

**• Pour l'exportation : facture n° 1215250**
Facturation HT avec la mention : « Exonération de TVA, article 262 I du CGI »

**9. Indiquer la particularité que présentera la facture au client allemand si celui-ci est un particulier non assujetti à la TVA.**

Si la facture est destinée à un client particulier non assujetti à la TVA, c'est le régime des ventes à distance qui s'applique. La SARL n'a exercé aucune option et son chiffre d'affaires de ventes à distance ne dépasse pas le seuil de 10 000 €, donc l'opération sera taxable en France, pays d'expédition.
La facture établie par la SARL Ombre et Lumière :
– devra faire mention de la TVA au taux en vigueur en France : 20 % pour les stores et mécanismes. Le net à payer par le client allemand sera donc un montant TTC ;
– ne comportera pas la mention : « Exonération de TVA, article 262 ter du CGI ».

NB : cette opération serait imposable dans le pays de destination du bien, soit l'Allemagne, si le seuil est dépassé (10 000 € à compter du 01/07/2021 pour l'ensemble des transactions). L'opération serait alors soumise au taux de TVA allemand. La SARL Ombre et Lumière devrait déclarer et reverser cette TVA en Allemagne par l'intermédiaire du guichet unique de TVA.

## IV. Régime des achats à l'étranger

**10. Préciser pourquoi il n'y a pas de TVA mentionnée sur chacune des factures d'achat reçues. Justifier votre réponse.**

**• Pour l'achat intracommunautaire : facture n° D6515**
Cette opération constitue pour la SAS MécaSoleil, installée en Belgique, une livraison intracommunautaire exonérée, car l'acheteur et le vendeur sont des assujettis ayant fourni leur NII. La facture comporte bien la mention « Exonération, article 39 bis du CTVA (code TVA belge) ».

**• Pour l'importation : facture n° 55AP12**
Cette opération constitue pour la SUARL Maropor, installée au Maroc, une exportation exonérée avec la mention, sur la facture, « Exonération, article 92 du CGI Maroc ».

**11. Indiquer sur quelle(s) facture(s) d'achat des droits de douane seront à payer.**

Seule la facture d'importation du fournisseur Maropor est soumise aux droits de douane. En pratique, étant donné que la SARL Ombre et Lumière utilise les services d'un transitaire, c'est ce dernier qui s'occupe du dédouanement et lui refacturera les droits de douane.

**12. Préciser si les droits de douane sont soumis à la TVA et dans quel compte ils seront enregistrés.**

Les droits de douane sont à inclure dans le coût d'achat des biens facturés et sont donc soumis à la TVA au même taux que ces biens.

Ces droits s'enregistrent en comptabilité dans le compte d'achat concerné (ici, le compte 60).

**13. Indiquer quel est le régime fiscal applicable en matière de TVA à l'acquisition en Belgique.**

Le client SARL Ombre et Lumière sera redevable de la TVA. En tant qu'assujetti, il procédera donc à une autoliquidation de cette TVA.

**14. Préciser en quoi consiste l'autoliquidation de la TVA. Le taux applicable sera-t-il celui en vigueur en Belgique ou en France ?**

La SARL Ombre et Lumière a reçu de la SAS MécaSoleil une facture HT de 886 €. Elle doit liquider la TVA : 886 × 20 % = 177,20 €, à la date de la facturation et la mentionner sur sa déclaration de TVA. Elle pourra en demander la déduction sur la même déclaration si les conditions de déductibilité sont remplies (voir chapitre 3).

Le taux applicable par la SARL Ombre et Lumière sera celui en vigueur en France.

**15. Indiquer quel est le régime fiscal applicable en matière de TVA à l'achat au Maroc et sur quelle base cette TVA sera calculée.**

• La SARL Ombre et Lumière sera redevable de la TVA sur l'importation en provenance du Maroc en tant que destinataire des biens importés, désigné sur la déclaration d'importation douanière. Cette TVA sera exigible au titre du mois où le dédouanement a eu lieu.

• La TVA sera autoliquidée par la SARL Ombre et Lumière en tant que redevable soumis au régime du réel normal. Il déclarera, collectera et déduira, si les conditions de déductibilité sont respectées, cette TVA sur la déclaration mensuelle de TVA. Cette autoliquidation lui évite une avance de trésorerie lors de l'entrée des biens en France.

• La TVA sera calculée sur : le montant facturé (12 900 MAD) converti en euros au cours du jour du dédouanement + les droits de douane et frais accessoires.

# Corrigé des applications

## Application 1 – Champ d'application (p. 31)

- **Préciser si les opérations spécifiques réalisées par ces entreprises sont imposables à la TVA.**

| Opération | Imposable par nature | Imposable par disposition de la loi | Exonérée ou non soumise | Hors champ d'application | Justification |
|---|---|---|---|---|---|
| 1 | × | | | | Remplit les trois conditions :<br>– vente de biens ;<br>– à titre onéreux ;<br>– par un assujetti. |
| 2 | | × | | | LASM pour les besoins autres que ceux de l'entreprise : non-affectation à l'exploitation. TVA déduite lors de l'achat de l'ordinateur, donc la LASM est soumise à la TVA. |
| 3 | | | × | | Activité exonérée de plein droit : profession qui réalise des opérations à caractère médical. |
| 4 | | | × | | Activité exonérée de plein droit : location à usage d'habitation à un particulier. |
| 5 | | | × | | Activité exonérée, mais avec option possible pour soumettre l'opération à la TVA, car location d'un local nu et à usage professionnel. |
| 6 | | × | | | Cession d'un bien meuble d'investissement ayant ouvert droit à la déduction de la TVA à l'achat. |
| 7 | × | | | | Remplit les trois conditions :<br>– prestation de services ;<br>– à titre onéreux ;<br>– par un assujetti. |
| 8 | | | | × | Opération réalisée par un non-assujetti (l'association sportive réalise une activité à but non lucratif, qui ne vend ni des biens ni des services). |
| 9 | × | | | | Remplit les trois conditions :<br>– prestation de services ;<br>– à titre onéreux ;<br>– par un assujetti. |

| Opération | Imposable par nature | Imposable par disposition de la loi | Exonérée ou non soumise | Hors champ d'application | Justification |
|---|---|---|---|---|---|
| 10 | | | × | | Activité exonérée de plein droit : opérations d'assurance. |
| 11 | | | × | | Cession d'un bien immeuble au-delà du délai des 5 ans de son achèvement. |
| 12 | | | × | | Cession à un confrère d'un bien meuble d'investissement n'ayant pas ouvert droit à la déduction de la TVA à l'achat.<br>(*NB* Exception : en cas de cession du véhicule de tourisme à un négociant en biens d'occasion dans un délai de 5 ans, l'opération est soumise à la TVA.) |

## Application 2 – Territorialité (p. 32)

- **Préciser, pour chacune des opérations envisagées, le régime fiscal applicable en matière de TVA.**

| Opération | Régime territorial applicable | Nature de l'échange | Application de la TVA française |
|---|---|---|---|
| 1 | Extracommunautaire | Assimilé à une exportation | Non |
| 2 | Territoire français | Vente de biens en France | Oui<br>(taux particuliers) |
| 3 | Territoire français | Assimilé à une exportation | Non |
| 4 | Territoire de l'UE | Livraison intracommunautaire | Non |
| 5 | Assimilé au territoire français en matière de TVA | Vente de biens en France | Oui |
| 6 | Territoire de l'UE hors zone euro | Livraison intracommunautaire | Non |
| 7 | Extracommunautaire | Exportation | Non |
| 8 | Territoire de l'UE | Livraison intracommunautaire – vente à distance. | Oui, car le seuil des ventes à distance n'a pas été dépassé, sinon taxation au Portugal |
| 9 | Considéré comme extracommunautaire | Assimilé à une exportation | Non |
| 10 | Territoire de l'UE | Livraison intracommunautaire | Oui car absence du NII du client |
| 11 | Territoire de l'UE | Acquisition intracommunautaire | Oui |
| 12 | Extracommunautaire | Importation | Oui |

# Chapitre 2 — Synthèse

## I. Le mécanisme et les principales caractéristiques de la TVA

La taxe sur la valeur ajoutée (TVA) est un impôt indirect sur la consommation supporté par le consommateur final et collecté par les entreprises.

L'entreprise reverse à l'État la différence entre la TVA collectée sur ses ventes et la TVA déductible sur ses achats de biens, de services et d'immobilisations.

## II. Le champ d'application de la TVA

• **Les opérations situées dans le champ d'application de la TVA sont :**

– **imposables :**
  ▪ **par nature :** trois conditions sont à remplir :
    - livraisons de biens meubles ou prestations de services,
    - effectuées à titre onéreux,
    - par un assujetti agissant en tant que tel,
  ▪ **par disposition spéciale de la loi :** cession de biens meubles et immeubles immobilisés, livraisons à soi-même et opérations avec l'étranger (importations et acquisitions intracommunautaires) ;

– **exonérées :**
  ▪ **de plein droit** (sans option possible) : opérations avec l'étranger (exportations, livraisons intracommunautaires), activités à caractère médical, activités d'enseignement, certaines opérations bancaires, opérations d'assurance, locations à usage d'habitation…
  ▪ **avec option pour soumettre l'opération à la TVA :** locations d'immeubles nus à usage professionnel, certaines opérations bancaires ;

• **Les opérations situées hors champ d'application de la TVA ne sont pas imposables.**

## III. Précisions sur certaines opérations imposées par disposition spéciale de la loi

En règle générale, la livraison à soi-même (LASM) d'un bien nécessaire à l'exploitation de l'entreprise n'est pas taxable à la TVA si ce bien a ouvert droit à déduction lors de son achat auprès d'un fournisseur assujetti.

Les cessions d'immobilisations sont soumises à la TVA :
– pour les biens meubles : si, lors de l'achat, la TVA a pu être déduite ;
– pour les biens immeubles : si la cession a lieu dans les 5 ans de l'achèvement.

## IV. La territorialité

Sont imposables en France les opérations dont le lieu d'imposition est situé en France : France continentale + Corse + la principauté de Monaco (assimilée à la France en matière de TVA), les DROM (considérés comme des territoires d'exportation par rapport à la France métropolitaine).

## V. Les principes applicables aux échanges intracommunautaires

**• Les livraisons intracommunautaires**

Les livraisons de France à destination d'un pays membre de l'UE sont exonérées de TVA si le vendeur et l'acquéreur sont assujettis à la TVA et ont fourni leur numéro d'identification à la TVA (NII).

**• Les acquisitions intracommunautaires**

Pour les acquisitions en France depuis un pays membre de l'UE, l'acquéreur assujetti qui a fourni son NII autoliquide la TVA (TVA exigible et déductible).

**• Les ventes à distance**

C'est un régime particulier qui concerne les transactions entre un assujetti et un client particulier résidant dans un autre État membre.

À compter du 01/07/2021, les transactions, réalisées par des entreprises dont le volume des ventes à distance dépasse le seuil de 10 000 €, seront taxées à la TVA dans le pays de destination. Ces entreprises géreront leur déclaration et leur paiement de TVA au sein de l'UE à partir d'un guichet unique.

## VI. Les principes applicables aux échanges extracommunautaires

**• Les exportations**

Les livraisons de France à destination d'un pays hors UE sont exonérées de TVA.

**• Les importations**

Les acquisitions en France depuis un pays hors UE sont imposables en France. L'entreprise importatrice, redevable de la TVA va autoliquer la TVA d'importation lors de la déclaration mensuelle de TVA (TVA exigible et déductible).

# Chapitre 3

# TVA : le fait générateur, l'exigibilité, la déductibilité

## Positionnement du chapitre dans le référentiel

| | |
|---|---|
| **Activité** | 3.2. Traitement des opérations relatives à la TVA |
| **Composante d'activité** | 3.2.1. Préparation de la déclaration de TVA |
| **Savoirs associés** | Champs d'application de la TVA |
| **Compétence** | Appliquer les règles fiscales d'exigibilité, de déductibilité et de territorialité pour le calcul de la TVA due ou du crédit de TVA |
| **Liens P7** | Une extraction de données du PGI nécessaires au traitement de la TVA avec un tableur |
| **Vers Pix** | 1.3. Traiter des données |

## Travail à faire (p. 34)

### I. Les notions de fait générateur et d'exigibilité

**1. Répondre à la demande de Louis Souche sous la forme d'une note structurée.**

*Voir page 31.*

**2. Préciser les dates du fait générateur et d'exigibilité pour chaque situation (avec et sans option pour les débits).**

**Situation 1**

À compter du **1er janvier 2023**, la TVA devient exigible **dès l'encaissement d'acomptes pour les livraisons de biens**. Avant le 1er janvier 2023, l'exigibilité de la TVA sur la vente de biens intervenait au plus tard, au moment de la livraison (ou facturation) du bien.

Depuis le 1er janvier 2023, les entreprises qui achètent des biens et qui reçoivent des factures d'acompte pourront ainsi déduire immédiatement la TVA sur l'acompte sans attendre la réception de la facture finale.

• **TVA exigible lors de l'acompte :** (2 000 / 1,2) × 0,20 = 333,33 €

• **TVA exigible lors de la livraison (ou facturation) :**

Montant HT : 8 700 – (10 % × 8 700) = 7 830 € HT

Montant TTC : 7 830 × 1,2 = 9 396 € TTC

Montant TTC restant dû à la livraison le 7/04 : 9 396 – 2 000 (acompte) = 7 396 €

**TVA exigible à la livraison :** (7 396 / 1,2) × 0,2 = 1 232,67 €.

 

**Situation 2**

*a) L'option sur les débits n'est pas retenue.*

Le fait générateur se situe lorsque l'exécution de la prestation est terminée, soit le 5 avril.

Montant TTC de la prestation : 6 500 × 1,20 = 7 800 €

**Montant de la TVA : 6 500 × 20 % = 1 300 €**

L'exigibilité se situe en fonction des paiements, qui sont réalisés en trois étapes :

• l'acompte versé à la commande le 25 mars :
Montant de la TVA exigible : (1 500 / 1,20) × 20 % = 250 €

• 40 % du montant à la facturation le 5 avril : 40 % × (7 800 – 1 500) = 2 520 €
Montant de la TVA exigible : (2 520 / 1,20) × 20 % = 420 €

• le solde à 30 jours après la livraison, soit le 5 mai :
7 800 – 1 500 – 2 520 = 3 780 €
Montant de la TVA exigible : (3 780 / 1,20) × 20 % = 630 €

**Total de la TVA : 250 + 420 + 630 = 1 300 €**

*b) L'option sur les débits est retenue.*

Le fait générateur se situe lorsque l'exécution de la prestation est terminée, soit le 5 avril.

Montant TTC de la prestation : 6 500 × 1,20 = 7 800 €

**Montant de la TVA : 6 500 × 20 % = 1 300 €**

L'exigibilité se situe à la date de la facturation, sauf pour l'acompte. Elle est réalisée en deux étapes :

• l'acompte versé à la commande le 25 mars :
Montant de la TVA exigible : (1 500 / 1,20) × 20 % = 250 €

• à la facturation le 5 avril :
Montant de la TVA exigible : [(7 800 – 1 500) / 1,20] × 20 % = 1 050 €

**Total de la TVA : 250 + 1 050 = 1 300 €**

**3. Rédiger la lettre destinée au Trésor public (service chargé du recouvrement de la TVA) afin de préciser l'option pour les débits retenue par l'entreprise.**

Les redevables souhaitant acquitter la TVA d'après les débits doivent en faire la déclaration écrite, par lettre simple, auprès du service des impôts des entreprises dont ils relèvent. Un envoi par lettre recommandée avec accusé de réception est conseillé.

L'option est globale et s'applique alors à toutes les prestations vendues par l'entreprise. Elle prend effet à compter du premier jour du mois suivant celui au cours duquel elle a été exercée. Les factures doivent indiquer la mention « TVA payée sur les débits ».

Dénomination
Adresse
N° SIRET : ...
Numéro fiscal : ...

Centre des finances publiques
Adresse

Objet : Option pour la TVA sur les débits

Madame, Monsieur,

Nous sommes prestataires de services et bénéficions donc de l'exigibilité de la TVA lors de l'encaissement. Conformément à l'article 77 annexe III du Code général des impôts, nous voudrions désormais opter pour le paiement de la TVA sur les débits.

Nous nous permettons par conséquent de demander votre autorisation pour l'exercice de cette option à compter du ...

Dans l'attente de votre réponse, nous vous prions de croire, Madame, Monsieur, à l'assurance de notre considération distinguée.

Prénom Nom
Qualité
Signature

*Note destinée à Louis Souche (question 1)*

Émetteur : Assistant(e) comptable

Destinataire : Louis Souche
Copie à : …

Alès, le *(date du jour)*

Objet : Fait générateur et exigibilité
de la nouvelle activité

**NOTE N° …**

Vous trouverez ci-dessous des éléments de réponse à vos interrogations relatives à la TVA pour la nouvelle activité « Installation, maintenance, entretien ».

Il s'agit d'une activité de services. Les règles en matière de fait générateur et d'exigibilité sont définies de manière précise par le législateur.

**I. Les règles générales**

Lors d'une opération soumise à la TVA, le fait générateur correspond à la date qui donne naissance à la créance de l'État sur la TVA du vendeur.

L'exigibilité, quant à elle, correspond à la date à laquelle l'administration fiscale a le droit de réclamer sa créance au vendeur.

C'est à la date de l'exigibilité que le fournisseur utilise le compte 44571. « TVA collectée » et le client le compte 4456… « TVA déductible ».

**II. Les règles spécifiques aux prestations de services**

Pour les prestations de services, les règles relatives au fait générateur et à l'exigibilité ne sont pas identiques.

Le fait générateur se produit lorsque la prestation est effectuée.

Quant à l'exigibilité de la TVA, elle s'effectue lors de chaque paiement par le client. Si le paiement se fait en plusieurs étapes, la TVA est exigible à chaque paiement au prorata du montant réglé.

Cependant, il existe une option « TVA sur les débits » concernant les prestations de services, option formulée par le prestataire. L'option sur les débits entraîne l'exigibilité à la date de facturation, sauf pour les acomptes. Le prestataire doit indiquer sur ses factures le fait qu'il a opté pour la TVA sur les débits. Cette information se fait par une mention adéquate : « TVA acquittée sur les débits », par exemple.

Si le prestataire ne choisit pas cette option, c'est la TVA sur les encaissements qui s'applique, entraînant l'exigibilité lors de chaque paiement.

**III. La règle en cas de versement d'un acompte relatif à un bien meuble corporel**

À compter du **1er janvier 2023,** en cas de versement d'un acompte, la loi de finances pour 2022 avance la date de l'exigibilité de la TVA au moment de l'encaissement de cet acompte, et ce afin de se mettre en conformité avec le droit européen. Le solde de la TVA sera exigible lors de la livraison ou facturation du bien.

En espérant avoir répondu à vos interrogations.

## II. Les conditions de déductibilité de la TVA

**4. Analyser chaque situation. Préciser si la TVA est déductible dans une réponse argumentée.**

| Situation | TVA déductible ? | | Argumentation |
|---|---|---|---|
| | Oui | Non | |
| **1) Participation à la Foire internationale de Milan** | | | |
| Frais de voyage | | ✓ | Selon l'article 206 de l'annexe II du CGI, quels que soient la voie et les moyens utilisés (route, fer, air, eau), la TVA grevant les transports de personnes et leurs opérations accessoires. Il en est ainsi même si la dépense est effectuée pour les besoins de l'exploitation. |
| Nuitées à Milan | | ✓ | Selon l'article 206 de l'annexe II du CGI, un assujetti ne peut déduire la TVA pour toute dépense relative au logement excepté pour un tiers, ce qui n'est pas le cas ici. |
| Frais de repas et de collation | ✓ | | Ces frais sont nécessaires à l'activité de l'entreprise, car elle veut faire valoriser son savoir-faire. L'entreprise possède les factures concernées. |
| **2) Acquisition d'un véhicule de tourisme** | | | |
| Acquisition Peugeot 308 | | ✓ | La TVA n'est pas déductible sur une dépense liée à un véhicule de tourisme. |
| **3) Entretien de véhicules** | | | |
| Entretien de la camionnette | ✓ | | Ce véhicule n'est pas destiné au transport exclusif de personnes. La TVA sera déductible en avril (prestation de service et le garagiste n'a pas opté pour la TVA sur les débits). |
| Entretien du véhicule de tourisme | | ✓ | La TVA n'est pas déductible sur une dépense liée à un véhicule de tourisme. L'accessoire suit le principal. |
| **4) Organisation d'une réception du personnel** | | | |
| Facture du traiteur | ✓ | | Ces frais sont nécessaires à l'activité de l'entreprise, car elle souhaite accroître le sentiment d'appartenance de son personnel. L'entreprise possède la facture concernée. La TVA est déductible en mars. |
| **5) Entretien de la voiture de Juliette** | | | |
| Entretien du véhicule | | ✓ | Dépense personnelle sans lien avec l'activité de l'entreprise. |
| **6) Réparation d'une partie de la toiture** (pas d'option sur les débits du prestataire) | | | |
| Partie payée en mars | ✓ | | Ces frais sont nécessaires à l'activité de l'entreprise. Elle possède la facture concernée. La TVA est déductible en mars pour : 1 300 × 20 % = 260 €. |
| Partie payée en avril | ✓ | | Ces frais sont nécessaires à l'activité de l'entreprise. Elle possède la facture concernée. La TVA est déductible en avril pour : 1 300 × 20 % = 260 €. |
| **7) Achat d'un poste de radio** | | | |
| Achat du poste de radio | | ✓ | Ces frais sont nécessaires à l'activité de l'entreprise, mais celle-ci n'a pas de document justificatif de l'achat. |

| Situation | TVA déductible ? | | Argumentation |
|---|---|---|---|
| | **Oui** | **Non** | |
| **8) Achat de cadeaux destinés au personnel et aux partenaires importants** | | | |
| Montres | ✓ | | Valeur unitaire TTC du cadeau : (760 × 1,20) / 50 = 18,24 €<br>Valeur unitaire TTC < 73 € |
| Bouteilles de champagne | | ✓ | Valeur unitaire TTC du cadeau : (800 × 1,20) / 10 = 96 €<br>Valeur unitaire TTC > 73 € |
| **9) Travaux de rénovation d'appartements** | | | |
| Appartement du concierge | ✓ | | Dépense concernant le gardien. Déductibilité au moment de la facturation (TVA sur les débits). |
| Appartement du directeur commercial | | ✓ | Selon l'article 206 de l'annexe II du CGI, un assujetti ne peut déduire la TVA concernant le logement à titre gratuit des dirigeants ou du personnel de l'entreprise. |
| **10) Acquisition d'un minibus** | | | |
| Acquisition d'un minibus | ✓ | | Ce véhicule de transport collectif de plus de 8 places assises est destiné au trajet du domicile du personnel jusqu'à l'entreprise. |

## III. Les régularisations en matière de TVA

**5. Préciser, de manière détaillée à l'aide de calculs, les conséquences en matière de TVA desdites opérations.**

| Opération | TVA déduite à l'acquisition | TVA à régulariser | Commentaire |
|---|---|---|---|
| Cession de l'appartement | 15 400 € | 8 470 € | La cession est réalisée au cours de la période de régularisation (20 ans). Aucune option pour la TVA n'a été émise lors de la cession (pas de TVA collectée). La TVA initialement déduite doit être régularisée (reversée au Trésor) à hauteur de 11/20e, soit : 15 400 × (11 / 20) = 8 470 €. |
| Cession de la camionnette | 6 600 € | – | La TVA a été déduite à l'achat (véhicule utilitaire), donc cession soumise à TVA, soit : 6 000 × 20 % = 1 200 € de TVA collectée. Aucune régularisation de la TVA initialement déduite. |
| Cession du véhicule de tourisme à un négociant en biens d'occasion | – | 1 760 € | À l'achat, la TVA n'a pas été déduite (véhicule de tourisme). La cession est soumise à TVA ; TVA collectée : 15 000 × 20 % = 3 000 €. La cession est réalisée pendant la période de régularisation (5 ans). La TVA initialement non déduite sera donc régularisée (déduite) pour : (22 000 × 20 %) × 2 / 5 = 1 760 €. |
| Cession du véhicule de tourisme à un particulier | – | – | À l'achat, la TVA n'a pas été déduite (véhicule de tourisme). La cession n'est pas soumise à TVA. |

**6. L'entreprise Souche peut-elle régulariser la TVA collectée lors de la vente ?**

L'entreprise peut régulariser la TVA lorsque la créance est définitivement irrécouvrable en respectant la procédure suivante :
– elle doit d'abord fournir une facture rectificative mentionnant le montant impayé et le montant de la TVA avec la mention « Facture demeurée impayée pour la somme de 26 400 € et pour le montant de TVA correspondant de 4 400 € » ;
– elle peut alors demander au Trésor la restitution de la taxe versée.

Le client doit reverser au Trésor le montant de la TVA déduite lorsqu'il réceptionnera la facture rectificative.

# Corrigé des applications

## Application 1 — Exigibilité de la TVA (p. 47)

**1. Indiquer la date d'exigibilité pour chaque opération de septembre.**

| Opération | Mois d'exigibilité | Commentaires |
|---|---|---|
| 04/09<br>Location d'un engin de démolition au client Alb | – Septembre pour 40 % du montant de la TVA : 280 €<br>– Octobre pour 60 % du montant de la TVA : 420 € | – Prestation de service<br>– Pas d'option sur les débits<br>– Exigibilité de la TVA lors des encaissements |
| 07/09<br>Commande de travaux de démolition du client Bert | Septembre pour la TVA sur l'acompte : (1 200 / 1,20) × 20 % = 200 € | – Prestation de service<br>– Exigibilité de la TVA lors des encaissements pour les acomptes dans tous les cas |
| 12/09<br>Ventes de granulats au professionnel Dup | Septembre pour la totalité du montant de la TVA : 500 € | – Vente de biens<br>– Exigibilité de la TVA à la livraison (facturation en général) |
| 17/09<br>Fin des travaux de démolition commandés par le client Bert | – Septembre pour 50 % du montant de la TVA calculé sur : (6 800 × 20 %) – 200 = 1 160 € ⇒ 1 160 × 0,50 = 580 €<br>– Octobre pour 50 % du montant de la TVA : 580 € | – Prestation de service<br>– Pas d'option sur les débits<br>– Exigibilité de la TVA lors des encaissements |
| 21/09<br>Cession d'un engin de démolition | Septembre pour : 22 000 × 20 % = 4 400 € (TVA collectée) | TVA déduite à l'acquisition, donc cession soumise à TVA. |

**2. Quelles seraient les conséquences en matière d'exigibilité, pour chacune des opérations, si la SARL Badel optait pour la TVA sur les débits ?**

Les modifications dues à l'option pour la TVA sur les débits apparaissent en *italique*.

| Opération | Mois d'exigibilité et de déductibilité | Commentaires |
|---|---|---|
| 04/09<br>Location d'un engin de démolition au client Alb | *Septembre pour 100 % du montant de la TVA : 700 €* | *– Prestation de service*<br>*– Option sur les débits*<br>*– Exigibilité de la TVA lors de l'enregistrement des factures* |
| 07/09<br>Commande de travaux de démolition du client Bert | Septembre pour la TVA sur l'acompte : (1 200 / 1,20) × 20 % = 200 € | – Prestation de service<br>– Exigibilité de la TVA lors des encaissements pour les acomptes dans tous les cas |
| 12/09<br>Ventes de granulats au professionnel Dup | Septembre pour la totalité du montant de la TVA : 500 € | – Vente de biens, aucune influence de l'option pour les débits |
| 17/09<br>Fin des travaux de démolition commandés par le client Bert | *Septembre pour le montant de la TVA calculé sur : (6 800 × 20 %) — 200 = 1 160 €* | *– Prestation de service*<br>*– Option sur les débits*<br>*– Exigibilité de la TVA lors de l'enregistrement des factures* |

| Opération | Mois d'exigibilité et de déductibilité | Commentaires |
|---|---|---|
| 21/09<br>Cession d'un engin de démolition | Septembre pour : 22 000 × 20 % = 4 400 € (TVA collectée) | Aucune influence de l'option sur les débits, car la TVA est toujours exigible sur les acomptes (option ou non) |

**3. Indiquer l'impact sur la trésorerie de la SARL Badel et sur celle de ses clients dans les deux hypothèses (non-option et option pour la TVA sur les débits).**

Seules les opérations de prestations de services sont concernées par cette question.

| Opération | Impact sur la trésorerie de la SARL Badel | Impact sur la trésorerie des clients de l'entreprise |
|---|---|---|
| 04/09<br>Location d'un engin de démolition au client Alb | L'option pour la TVA sur les débits entraîne une avance de trésorerie concernant la TVA. TVA exigible donc collectée en septembre alors que 60 % de celle-ci ne seront réglés qu'en octobre par le client. | L'option pour la TVA sur les débits entraîne un avantage de trésorerie concernant la TVA. TVA exigible donc déductible en septembre alors que 60 % de celle-ci ne seront réglés qu'en octobre par le client. |
| 07/09<br>Commande de travaux de démolition du client Bert | L'option n'a aucune conséquence en matière de trésorerie, car la TVA est toujours exigible sur les acomptes (option ou non). | L'option n'a aucune conséquence en matière de trésorerie, car la TVA est toujours déductible sur les acomptes versés sur prestations (option ou non). |
| 17/09<br>Fin des travaux de démolition commandés par le client Bert | L'option entraîne une avance de trésorerie concernant la TVA. TVA exigible donc collectée en septembre alors que 50 % du solde de celle-ci ne seront réglés qu'en octobre par le client. | L'option entraîne un avantage de trésorerie concernant la TVA. TVA exigible donc déductible en septembre alors que 50 % du solde de celle-ci ne seront réglés qu'en octobre par le client. |

## Application 2 — Déductibilité de la TVA (p. 47)

**1. Préciser, pour chaque opération, si la TVA la concernant est déductible ou non. Votre réponse sera argumentée.**

| Opération | TVA déductible ? | Argumentation |
|---|---|---|
| 02/03<br>Achat de bois | Oui, en mars | Le bois (matière première) sera utilisé pour fabriquer des meubles (produits finis) qui généreront de la TVA collectée. L'intérêt de l'exploitation est réel. L'achat est prouvé par la facture. |
| 04/03<br>Achat de poissons exotiques | Oui/non, en mars | L'achat des poissons est destiné au hall d'accueil de l'entreprise. L'intérêt de l'exploitation est réel. Cependant, le montant de l'achat (3 125 € HT) peut paraître excessif au contrôleur fiscal ; dans ce cas, la TVA ne serait pas déductible.<br>L'achat est prouvé par la facture. |
| 06/03<br>Entretien du bateau | Non | Il s'agit d'une dépense somptuaire. Toutes les dépenses relatives aux bateaux de plaisance n'ouvrent pas droit à déduction de la TVA. |

| Opération | TVA déductible ? | Argumentation |
|---|---|---|
| 07/03<br>Crédit-bail<br>d'un véhicule<br>de tourisme | Non | Il s'agit d'un véhicule de transport de personnes. Toutes les dépenses relatives aux véhicules de tourisme n'ouvrent pas droit à déduction de la TVA. |
| 10/03<br>Achat<br>de publicité | Oui, en avril | L'intérêt de l'exploitation est réel. L'achat est prouvé par la facture.<br>Il s'agit d'une prestation de service. Le fournisseur n'a pas opté pour la TVA sur les débits. L'exigibilité se situe en avril pour le vendeur, donc déductibilité pour l'acheteur (à la date du paiement). |
| 15/03<br>Achats<br>de cadeaux<br>– Montres<br><br>– Coffret | <br><br><br>Oui, en mars<br><br>Non | Il s'agit d'achats de cadeaux destinés à la clientèle. L'intérêt de l'exploitation est réel. Les achats sont prouvés par la facture.<br><br>La valeur TTC d'une montre est égale à : 37 × 1,20 = 44,40 € (elle est inférieure à 73 €).<br>La valeur TTC du coffret est égale à : 120 × 1,20 = 144 € (elle est très supérieure à 73 €). |
| Frais de carburant<br>• Véhicules utilitaires<br>– Gazole<br>– Essence<br>• Véhicules de tourisme<br>– Gazole<br>– Essence | <br><br><br>Oui<br>Non<br><br><br>Oui à 80 %<br>Non | L'intérêt de l'exploitation est réel. Les achats sont prouvés par les factures.<br><br>Règles relatives aux carburants (CGI, art. 206, IV-28°, annexe II)<br><br>Règles relatives aux carburants (CGI, art. 206, IV-28°, annexe II) |

**2. Peut-on partager l'avis de Philippe Cart ?**

Non, la déductibilité de la TVA n'est possible que si l'achat peut être prouvé par une facture. Dans les cas invoqués, l'enregistrement en comptabilité n'est pas possible en raison de l'absence de factures.

# Application 3 — Les régularisations de TVA (p. 48)

**1. Conseiller M. Cart dans le choix de l'acheteur pour le véhicule en effectuant tous les calculs nécessaires.**

Rappels utiles pour conseiller M. Cart :

– lors de l'acquisition du véhicule, la TVA n'a pas été déduite. C'est le montant TTC (26 400 €) qui est enregistré au débit du compte 2182 « Matériel de transport » ;

– nous sommes dans la période de régularisation de la TVA, qui est de 5 ans. La régularisation de la TVA initialement non déduite n'est possible que si la vente du véhicule est soumise à la TVA ; ce qui est le cas pour l'hypothèse de la cession à un négociant en biens d'occasion, mais pas pour celle de la cession à un particulier. La régularisation sera alors calculée ainsi :
Montant de la TVA non déduite lors de l'acquisition : (26 400 / 1,20) × 20 % = 4 400 €
Montant de la régularisation : 4 400 × (1 / 5) = 880 €

**• Cession à un négociant en biens d'occasion**

Vente en N soumise à la TVA

Régularisation (complément de déduction) de la TVA initialement non déduite : 880 €

Prix de vente HT : 8 000 € avec une TVA collectée de 8 000 × 20 % = 1 600 €

Gain pour l'entreprise Cart : **le HT 8 000 + 880 de déduction** = 8 880 €

**• Cession à un particulier**

Vente en N non soumise à la TVA, aucune régularisation de la TVA initialement non déduite

Prix de vente HT : 8 200 €

Gain pour l'entreprise Cart : 8 200 + 0 = 8 200 €

⇒ L'entreprise Cart doit préférer la cession à un négociant en biens d'occasion.

**2. Quels sont les impacts sur la TVA de la cession de l'immeuble ? Effectuer tous les calculs nécessaires.**

Lors de l'acquisition de l'immeuble (en juin N–8), la TVA relative à cet achat a été déduite.
Montant de la TVA déduite : 450 000 × 20 % = 90 000 €

Nous sommes dans la période de régularisation de la TVA, qui est de 20 ans.
Lors de la cession de l'immeuble (en mars N), aucune option pour la TVA n'a été formulée par la SARL Cart. Cela signifie que cette cession n'est pas soumise à la TVA (mais aux divers droits d'enregistrement). Dans ce cas, en raison de l'absence de TVA collectée lors de la revente de l'immeuble, il y aura régularisation de la TVA initialement déduite. La SARL Cart devra reverser une partie de cette TVA.
Régularisation (montant de la TVA à reverser au Trésor) : 90 000 × (11 / 20) = 49 500 €

**3. Quelles auraient été les conséquences en matière de TVA pour la SARL Cart et pour l'acheteur si l'entreprise avait soumis la cession de l'immeuble à la TVA ?**

Dans cette hypothèse, la cession de l'immeuble (en mars N) aurait été soumise à la TVA.

Pour la SARL Cart, il n'y aurait pas eu de régularisation de la TVA initialement déduite.

L'acheteur aurait supporté la TVA collectée : 540 000 × 20 % = 108 000 €. S'il s'agit d'un assujetti à la TVA, il aurait pu alors récupérer ce montant.

La SARL Cart aurait eu intérêt à soumettre la cession à la TVA.

**4. Proposer les écritures comptables à la date de cession pour le véhicule (au négociant en biens d'occasion) et pour l'immeuble (sans option) dans la comptabilité de la SARL Cart.**

**Cession de l'immeuble (sans option)**

| | | | | |
|---|---|---|---|---|
| | | Mars N | | |
| 462 | | Créances sur cessions d'immobilisations | 540 000 | |
| | 775 | Produits de cessions d'éléments d'actif | | 540 000 |
| | | *Cession immeuble* | | |
| 2131 | | Bâtiments | 49 500 | |
| | 44562 (ou 4457 ou 4455) | TVA déductible sur immobilisations | | 49 500 |
| | | *Régularisation reversement de TVA sur cession immeuble* | | |

**Cession de la Peugeot 208 (négociant en biens d'occasion)**

| | | | | |
|---|---|---|---|---|
| | | Avril N | | |
| 462 | | Créances sur cessions d'immobilisations | 9 600 | |
| | 775 | Produits de cessions d'éléments d'actif | | 8 000 |
| | 44571 | TVA collectée | | 1 600 |
| | | *Cession Peugeot 208* | | |
| 44562 | | TVA déductible sur immobilisations | 880 | |
| | 2182 | Matériel de transport | | 880 |
| | | *Régularisation TVA cession Peugeot 208* | | |

# Chapitre 3 — Synthèse

## I. Le fait générateur et l'exigibilité de la TVA

Le fait générateur se situe à la date de réalisation des conditions légales qui créent la créance de l'État en matière de TVA.

L'exigibilité correspond à la date à partir de laquelle l'État peut demander le paiement de sa créance en matière de TVA au vendeur. C'est à cette date que le vendeur collectera la TVA et que l'acheteur la déduira.

### 1. Le régime des biens meubles corporels

Le fait générateur de la TVA intervient, en ce qui concerne les livraisons de biens, lorsque l'acheteur dispose du bien, à la **date de livraison** (ou **date de facturation**). L'exigibilité de la taxe est donc effective à la même date que le fait générateur **sauf pour l'acompte versé à compter du 1er janvier 2023** (la taxe sur le montant de l'acompte est exigible à la date de versement de l'acompte).

### 2. Le régime des prestations de services

**Le fait générateur de la TVA se produit lorsque la prestation est effectuée.**

La taxe est exigible **lors de l'encaissement** des acomptes, du solde de la facture, de la rémunération. En cas d'**option d'après les débits**, (c'est-à-dire dès l'inscription de la créance au débit du compte client) la TVA est exigible **dès la date de facturation**. Mais même en **cas d'option sur les débits, la TVA reste exigible sur les acomptes**.

## II. La déductibilité de la TVA

Trois conditions sont requises pour déduire la TVA sur l'achat d'un bien (immobilisation, marchandise, matière première) ou d'une prestation de service :
– **le bien ou le service doit être utilisé, de manière directe ou indirecte, pour la réalisation d'une vente qui générera de la TVA collectée** ;
– **le bien ou le service doit être acheté ou consommé dans l'intérêt de l'exploitation** ;
– **l'achat doit pouvoir être prouvé** (facture).

Des limites du droit à déduction existent. La TVA grevant certaines dépenses de biens et de services n'est pas déductible en application de mesures d'exclusion ou de limitations particulières :
– les **dépenses de logement**, sauf cas particulier ;
– les **cadeaux dont la valeur unitaire TTC excède 73 € par an et par bénéficiaire** ;
– les **services et dépenses relatifs aux biens exclus du droit à déduction** :
  - acquisition ou location de **véhicules de transport de personnes** (véhicules de tourisme ou véhicules particuliers) et les biens et services liés (entretien),
  - **prestation de transport de personnes ;**

– **les dépenses de carburants** (essence ou gazole) **:**
  - pour les **véhicules utilitaires déduction à 100 %,**
  - pour les **véhicules de tourisme déduction limitée à 80 %.**

## III. Les régularisations en matière de TVA

Certains événements entraînent la régularisation de la TVA (soit à la hausse, soit à la baisse).

### 1. Les prélèvements personnels dans les stocks

La TVA déduite lors de l'achat doit être **intégralement reversée**.

En cas de vol ou de destruction, la TVA initialement déduite n'est pas remise en cause.

### 2. Les cessions de véhicules de tourisme

La non-déductibilité de la TVA lors de l'achat peut être, en partie, remise en cause si les conditions suivantes sont réunies :
– la cession est réalisée pendant la **période de régularisation (5 ans)** ;
– la **cession est soumise à TVA** (cession à un négociant en biens d'occasion).

La régularisation (complément de déduction) est calculée par 1/5$^{e}$.

### 3. Les cessions de biens immeubles

La déductibilité de la TVA lors de l'achat peut être, en partie, remise en cause si les conditions suivantes sont réunies :
– la cession est réalisée pendant la **période de régularisation (20 ans)** ;
– la cession n'est pas soumise à TVA.

La régularisation (reversement) est calculée par 1/20$^{e}$.

## IV. Les impayés

En cas d'impayé, le fournisseur peut demander le remboursement de la TVA collectée lors de la vente.

Il adresse alors au client concerné une facture rectificative avec la mention « Facture demeurée impayée pour la somme de … € et pour le montant de TVA correspondant de … € ».

Il demande le remboursement par lettre.

# Chapitre 4

# TVA : le régime du réel normal

## Positionnement du chapitre dans le référentiel

| | |
|---|---|
| **Activité** | 3.2. Traitement des opérations relatives à la TVA |
| **Composante d'activité** | 3.2.2. Établissement, contrôle et transmission de la TVA |
| **Savoirs associés** | – Déclaration et paiement de la TVA<br>– Traitement comptable de la liquidation de la TVA |
| **Compétence** | Établir, contrôler les déclarations régulières de TVA |
| **Liens P7** | L'extraction du SIC des informations nécessaires au traitement de la TVA avec un tableur |
| **Vers Pix** | 1.3. Traiter des données |

*Information complémentaire :*

Dans le cadre de la veille fiscale, il est possible de conseiller aux étudiants de rechercher les différents taux de TVA applicables en France et les opérations concernées par ces taux (*via* Internet). La rédaction d'une note de synthèse peut être demandée.

Il est essentiel qu'ils relèvent que plusieurs taux de TVA peuvent figurer sur la même facture ; il faut alors que la facture mentionne, pour chaque taux, la base HT et le taux applicable.

## Travail à faire (p. 50)

### I. Le calcul de la TVA nette du mois de mai N

P7 **1. Calculer le montant de la TVA nette de mai N à l'aide d'un tableur. Compléter ce travail par une analyse précise de chaque donnée.**

*Voir page suivante.*

*Remarque :* le tableau présenté en page suivante permet d'appréhender de manière précise chaque donnée. Il facilite le calcul de la TVA nette du mois. Il n'est pas obligatoire, mais fortement conseillé dans une optique de contrôle, par exemple.

### II. La déclaration de TVA

P7 **2. Télécharger la déclaration de TVA CA3 et la compléter sur poste informatique. Justifier les calculs intermédiaires afin de faciliter le contrôle par Claudie Lecompte.**

*Voir page 43.*

## SA Souche – Calcul TVA à décaisser – Mai N *(question 1)*

| Élément | Remarques | Montant | TVA brute | | | TVA déductible | | |
|---|---|---|---|---|---|---|---|---|
| | | | TVA collectée | TVA autoliquidée intracommunautaire et importations | TVA déduite à régulariser ligne 15 | TVA déductible/ ABS | TVA déductible/ immobilisat° | Report crédit TVA |
| Ventes en France 20 % | Soumises | 241 975,00 | 48 395,00 | | | | | |
| Ventes prestations 20 % | Soumises<br>Option pour les débits | 47 650,00 | 9 530,00 | | | | | |
| Ventes prestations 10 % | Soumises<br>Option pour les débits | 23 577,00 | 2 357,70 | | | | | |
| Exportations (Chine) | Non soumises | 21 450,00 | | | | | | |
| Ventes en Italie et en Allemagne | Livraisons intracommunautaires<br>Non soumises | 40 300,00 | | | | | | |
| Cession véhicule de tourisme | Soumise | 5 200,00 | 1 040,00 | | | | | |
| Cession véhicule de tourisme à un négociant | Régularisation : TVA initialement non déduite<br>(17 400 / 1,2) × 0,2 = 2 900<br>Complément de déduction<br>(2 900 × 2 / 5) = 1 160 | 2 900,00 | | | | 1 160,00 | | |
| Cession mobilier | Soumise | 750,00 | 150,00 | | | | | |
| Achats matières premières en France | Soumis | 149 692,00 | | | | 29 938,40 | | |
| Achat immobilisations en France | Soumis | 18 200,00 | | | | | 3 640,00 | |
| Achats matières premières en Italie | Acquisitions intracommunautaires<br>Soumises | 27 632,00 | | 5 526,40 | | 5 526,40 | | |
| Achats immobilisations en Allemagne | Acquisition intracommunautaire<br>Soumise | 34 670,00 | | 6 934,00 | | | 6 934,00 | |
| Prestations (option) sur les débits facturées en mai | Soumises<br>Option pour les débits | 12 777,00 | | | | 2 555,40 | | |
| Prestations (pas d'option) facturées et réglées en mai | Soumises<br>Réglées en mai<br>6 734 / 1,2 = 5 611,67 | 5 611,67 | | | | 1 122,33 | | |
| Prestations facturées (pas d'option) en mai non réglées | Non soumises<br>Pas d'option pour les débits | 3 234,00 | | | | | | |
| Prestations (pas d'option) facturées en avril, réglées en mai | Soumises<br>Pas d'option pour les débits<br>Réglées en mai | 2 076,00 | | | | 415,20 | | |
| Achat de matières premières en Norvège | Importation<br>Autoliquidation | 12 500,00 | | 2 500,00 | | 2 500,00 | | |
| | **Totaux** | | **61 472,70** | **14 960,40** | **0,00** | **43 217,73** | **10 574,00** | **1 535,00** |
| | **Totaux arrondis CA3** | | **61 473,00** | **14 960,00** | **0,00** | **43 218,00** | **10 574,00** | **1 535,00** |
| **TVA à décaisser** | **21 106,00** | **Crédit de TVA** | | Taux normal | | 20 % | Taux réduit | 10 % |

| | |
|---|---|
| **Régularisation TVA Véhicule de tourisme** | **1 160,00** |
| TVA non déduite lors de l'achat | 2 900,00 |
| Période de régularisation en années | 5 |

## Déclaration de TVA *(question 2)*

| A | MONTANT DES OPÉRATIONS RÉALISÉES | | | | | | |
|---|---|---|---|---|---|---|---|
| | **OPÉRATIONS TAXÉES (HT.)** | | | | **OPÉRATIONS NON TAXÉES** | | |
| A1 | Ventes, prestations de services | 0979 | 313 202 | E1 | Exportations hors UE | 0032 | 21 450 |
| A2 | Autres opérations imposables | 0981 | 5 950 | E2 | Autres opérations non imposables | 0033 | |
| A3 | Achats de prestations de services intracommunautaires (article 283-2 du code général des impôts) | 0044 | | E3 | Ventes à distance taxables dans un autre État membre au profit des personnes non assujetties | 0047 | |
| A4 | Importations (autres que les produits pétroliers) | 0056 | 12 500 | E4 | Importations (autres que les produits pétroliers) | 0052 | |
| A5 | Sorties de régime fiscal suspensif (autres que les produits pétroliers) | 0051 | | E5 | Sorties de régime fiscal suspensif (autres que les produits pétroliers) | 0053 | |
| B1 | Mises à la consommation de produits pétroliers | 0048 | | E6 | Importations placées sous régime fiscal suspensif (autres que les produits pétroliers) | 0054 | |
| B2 | Acquisitions intracommunautaires | 0031 | 62 302 | F1 | Acquisitions intracommunautaires | 0055 | |
| B3 | Livraisons d'électricité, de gaz naturel, de chaleur ou de froid imposables en France | 0030 | | F2 | Livraisons intracommunautaires à destination d'une personne assujettie | 0034 | 40 300 |
| B4 | Achats de biens ou de prestations de services réalisés auprès d'un assujetti non établi en France (article 283-1 du code général des impôts) | 0040 | | F3 | Livraisons d'électricité, de gaz naturel, de chaleur ou de froid non imposables en France | 0029 | |
| B5 | Régularisations (important : cf. notice) | 0036 | | F4 | Mises à la consommation de produits pétroliers | 0049 | |
| | | | | F5 | Importations de produits pétroliers placées sous régime fiscal suspensif | 0050 | |
| | | | | F6 | Achats en franchise | 0037 | |
| | | | | F7 | Ventes de biens ou prestations de services réalisées par un assujetti non établi en France (article 283-1 du code général des impôts) | 0043 | |
| | | | | F8 | Régularisations (important : cf. notice) | 0039 | |

| B | DÉCOMPTE DE LA TVA À PAYER | | | |
|---|---|---|---|---|
| | **TVA BRUTE** | | **Base hors taxe** | **Taxe due** |
| | **Opérations réalisées en France métropolitaine** | | | |
| 08 | Taux normal 20 % | 0207 | 357 877 | 71 575 |
| 09 | Taux réduit 5,5 % | 0105 | | |
| 9B | Taux réduit 10 % | 0151 | 23 577 | 2 358 |
| | **Opérations réalisées dans les DOM** | | | |
| 10 | Taux normal 8,5 % | 0201 | | |
| 11 | Taux réduit 2,1 % | 0100 | | |
| | **Opérations imposables à un autre taux (France métropolitaine ou DOM)** | | | |
| 13 | Anciens taux | 0900 | | |
| 14 | Opérations imposables à un taux particulier (décompte effectué sur annexe 3310 A) | 0950 | | |
| | **Produits pétroliers** | | | |
| P1 | Taux normal 20 % | 0208 | | |
| P2 | Taux réduit 13 % | 0152 | | |
| | **Importations** | | | |
| I1 | Taux normal 20 % | 0210 | 12 500 | 2 500 |
| I2 | Taux réduit 10 % | 0211 | | |
| I3 | Taux réduit 8,5 % | 0212 | | |
| I4 | Taux réduit 5,5 % | 0213 | | |
| I5 | Taux réduit 2,1 % | 0214 | | |
| I6 | Taux réduit 1,05 % | 0215 | | |
| 15 | TVA antérieurement déduite à reverser (dont TVA sur les produits pétroliers ……………) (dont TVA sur les produits importés hors produits pétroliers ……………) | 0600 | | |
| 5B | Sommes à ajouter, y compris acompte congés (exprimées en euro) | 0602 | | |
| 16 | **Total de la TVA brute due (lignes 08 à 5B)** | | | 76 433 |
| 17 | **Dont TVA sur acquisitions intracommunautaires** | 0035 | | 12 460 |
| 18 | **Dont TVA sur opérations à destination de Monaco** | 0038 | | |

**La ligne 11 ne concerne que les DOM.**
**Les autres opérations relevant du taux de 2,1 % sont déclarées sur l'annexe 3310 A-SD.**

| | TVA DÉDUCTIBLE | | |
|---|---|---|---|
| 19 | Biens constituant des immobilisations | 0703 | 10 574 |
| 20 | Autres biens et services | 0702 | 42 058 |
| 21 | Autre TVA à déduire<br>(dont régularisation de :<br>- TVA sur les produits pétroliers :<br>- TVA sur les produits importés hors produits pétroliers :<br>- TVA collectée sur autres produits ou PS [cf. notice] ou déductible : ) | 0059 | 1 160 |
| 22 | Report du crédit apparaissant ligne 27 de la précédente déclaration | 8001 | 1 535 |
| 2C | Sommes à imputer, y compris acompte congés (exprimées en euro) | 0603 | |

| | | | | | |
|---|---|---|---|---|---|
| 22A | Indiquer le coefficient de taxation unique applicable pour la période s'il est différent de 100 ..... % | 23 | **Total TVA déductible (ligne 19 à 2C)** | | 55 327 |
| | | 24 | Dont TVA déductible sur importations hors produits pétroliers | 0710 | 2 500 |
| | | 2E | Dont TVA déductible sur les produits pétroliers | 0711 | |

| | CRÉDIT | | | | TAXE À PAYER | | |
|---|---|---|---|---|---|---|---|
| 25 | Crédit de TVA (ligne 23 – ligne 16) | 0705 | | 28 | **TVA nette due (ligne 16 – ligne 23).** | | 21 106 |
| 26 | Remboursement de crédit demandé sur formulaire n° 3519 joint | 8002 | | 29 | Taxes assimilées calculées sur annexe n° 3310 A-SD | 9979 | |
| AA | Crédit de TVA transféré à la société tête de groupe sur la déclaration récapitulative 3310-CA3G | 8005 | | AB | Total à payer acquitté par la société tête de groupe sur la déclaration récapitulative 3310-CA3G (lignes 28 + 29) | 9991 | |
| 27 | Crédit à reporter (ligne 25 – ligne 26 – ligne AA) (Cette somme est à reporter ligne 22 de la prochaine déclaration) | 8003 | | 32 | **Total à payer (lignes 28 + 29 – AB)** (N'oubliez pas de joindre le règlement correspondant) | | 21 106 |

**Attention ! Une situation de TVA créditrice (ligne 25 servie) ne dispense pas du paiement des taxes assimilées déclarées ligne 29.**

## III. La gestion des crédits de TVA

**3. Répondre à la demande de Claudie Lecompte dans une note.**

**Éléments à insérer dans la note**

**Forme**

Note n° … « Gestion des crédits de TVA »
Date
Émetteur
Destinataire

Soigner l'orthographe et la syntaxe.

**Fond**

Vous souhaitez connaître les possibilités qui s'offrent à votre entreprise en matière de gestion des crédits de TVA.

Lorsque, au titre d'un mois, le calcul de la TVA nette constitue une créance sur l'État (un crédit de TVA), deux possibilités s'offrent à l'entreprise :

**1. Le report du crédit de TVA : le régime normal**

L'entreprise imputera le crédit sur la prochaine déclaration de TVA. Elle inscrira le montant à la ligne 27 du document CA3 : « Crédit à reporter ».

Sur la déclaration du mois suivant, ce montant sera reporté à la ligne 22 du document CA3 : « Report du crédit de TVA apparaissant ligne 27 de la précédente déclaration ».

**2. La demande de remboursement du crédit de TVA : le régime exceptionnel**

Les entreprises qui sont placées sous le régime du réel normal de TVA peuvent demander le remboursement immédiat de leur crédit de TVA dès lors qu'il excède 760 € pour les 11 premiers mois de l'année (ou pour les trimestres si l'entreprise déclare par trimestre). Pour le mois de décembre (ou la fin du 4e trimestre civil), le remboursement est possible si le crédit de TVA est au moins égal à 150 €.

La demande de remboursement est effectuée en même temps que la déclaration de TVA. Pour cela, un imprimé spécial n° 3519 « Procédure générale de remboursement » doit être rempli et joint à la déclaration mensuelle ou trimestrielle. Lorsqu'il s'agit de la première demande de remboursement, il faut également joindre un RIB.

Pour obtenir le remboursement, il convient d'indiquer, à la ligne 26 de la déclaration de TVA CA3 : « Remboursement demandé sur formulaire n° 3519 joint », le montant dont l'entreprise concernée souhaite obtenir le remboursement.

La demande de remboursement du crédit de TVA s'effectue par télétransmission (www.impots.gouv.fr, rubrique « Professionnels »).

## IV. L'enregistrement des écritures comptables relatives à la TVA du mois de mai

**4. Proposer l'écriture comptable au 30/05, passée dans le journal des opérations diverses (OD), relative à la TVA.**

| | | 30/05/N | | |
|---|---|---|---|---|
| 44571 | | État — TVA collectée | 61 472,70 | |
| 44520 | | TVA due intracommunautaire | 12 460,40 | |
| 445... | | TVA due importation (compte à créer en attente du PCG) | 2 500,00 | |
| | 44562 | TVA déductible s/immobilisations (dont intracom : 6 934,00) | | 10 574,00 |
| | 44567 | Crédit de TVA à reporter — Avril | | 1 535,00 |
| | 44566 | TVA déductible s/ABS (dont intracom et import : 14 960,40) | | 43 217,73 |
| | 44551 | TVA à décaisser | | 21 106,00 |
| | 758 | Produits diverses de gestion courante | | 0,37 |
| | | *CA3 mai* | | |

*NB* : l'entreprise peut créer des comptes spécifiques pour ventiler la TVA déductible sur ABS pour ses acquisitions intracommunautaires et ses importations, et également sur les acquisitions d'immobilisations intracommunautaires et importations. À l'heure où nous imprimons l'ouvrage, le PCG n'a pas créé de comptes spécifiques pour la TVA autoliquidée sur importation, nous avons donc laissé libre cette codification : 445...

5. Proposer l'écriture de règlement de la TVA du mois de mai.

| | | 15/06/N | | |
|---|---|---|---|---|
| 44551 | | TVA à décaisser | 21 106,00 | |
| | 512 | Banque | | 21 106,00 |
| | | *Paiement CA3 mai* | | |

# Corrigé des applications

## Application 1 — Calcul de la TVA nette – Imprimé fiscal CA3 – Enregistrements comptables (p. 61)

**1. Expliquer les conséquences du choix des prestataires de services en matière de TVA pour Bama.**

Les prestataires de services ont opté pour la TVA sur les débits. La TVA est donc exigible à la date de livraison (date de facturation, en général), sauf pour les acomptes.

Cela a deux conséquences pour l'entreprise Bama :
– elle déduira le montant de la TVA sur ses achats de services lors de la livraison ; elle utilisera donc le compte 44566 « TVA déductible sur ABS » à cette date ;
– elle bénéficiera d'un avantage de trésorerie en cas de paiement après la livraison. En effet, elle déduira la TVA dès la facturation sans attendre le paiement de la facture.

**2. Calculer le montant de la TVA nette du mois de décembre. Justifier le raisonnement pour chaque donnée.**

Le tableau suivant permet de calculer le montant de la TVA nette.

**SARL Bama — Calcul TVA à décaisser — Décembre N**

| Élément | Remarques | Montant | TVA brute | | TVA déductible | | |
|---|---|---|---|---|---|---|---|
| | | | TVA collectée | TVA autoliquidée intracommunautaire et importation | TVA déductible/ ABS | TVA déductible/ immobilisations | Report crédit TVA |
| Ventes en France | Soumises | 324 676,00 | 64 935,20 | | | | |
| Ventes en Angleterre | Livraisons intracommunautaires Non soumises | 6 700,00 | | | | | |
| Ventes aux États-Unis | Exportations Non soumises | 12 320,00 | | | | | |
| Achats de marchandises en Belgique | Acquisitions intracommunautaires Autoliquidation | 22 577,00 | | 4 515,40 | 4 515,40 | | |
| Achats de marchandises en Russie | Importations Autoliquidation | 18 700,00 | | 3 740,00 | 3 740,00 | | |
| Achats de marchandises en France | Déductible | 44 000,00 | | | 8 800,00 | | |
| Achats de services en France | Déductible | 12 500,00 | | | 2 500,00 | | |
| Achats d'immobilisations en France | Déductible | 28 000,00 | | | | 5 600,00 | |
| Achats d'immobilisations en Allemagne | Acquisitions intracommunautaires Autoliquidation | 41 000,00 | | 8 200,00 | | 8 200,00 | |
| **Totaux** | | | **64 935,20** | **16 455,40** | **19 555,40** | **13 800,00** | |
| **Totaux arrondis** | | | **64 935,00** | **16 455,00** | **19 555,00** | **13 800,00** | **8 660,00** |
| **TVA à décaisser** | **39 375,00** | **Crédit de TVA** | | Taux normal | 20 % | Taux réduit | 10 % |

## 3. Renseigner l'imprimé fiscal CA3 pour le mois de décembre.

**A MONTANT DES OPÉRATIONS RÉALISÉES**

| | OPÉRATIONS TAXÉES (HT.) | | | | OPÉRATIONS NON TAXÉES | | |
|---|---|---|---|---|---|---|---|
| A1 | Ventes, prestations de services | 0979 | 324 676 | E1 | Exportations hors UE | 0032 | 12 320 |
| A2 | Autres opérations imposables | 0981 | | E2 | Autres opérations non imposables | 0033 | |
| A3 | Achats de prestations de services intracommunautaires (article 283-2 du code général des impôts) | 0044 | | E3 | Ventes à distance taxables dans un autre État membre au profit des personnes non assujetties | 0047 | |
| A4 | Importations (autres que les produits pétroliers) | 0056 | 18 700 | E4 | Importations (autres que les produits pétroliers) | 0052 | |
| A5 | Sorties de régime fiscal suspensif (autres que les produits pétroliers) | 0051 | | E5 | Sorties de régime fiscal suspensif (autres que les produits pétroliers) | 0053 | |
| B1 | Mises à la consommation de produits pétroliers | 0048 | | E6 | Importations placées sous régime fiscal suspensif (autres que les produits pétroliers) | 0054 | |
| B2 | Acquisitions intracommunautaires | 0031 | 63 577 | F1 | Acquisitions intracommunautaires | 0055 | |
| B3 | Livraisons d'électricité, de gaz naturel, de chaleur ou de froid imposables en France | 0030 | | F2 | Livraisons intracommunautaires à destination d'une personne assujettie | 0034 | 6 700 |
| B4 | Achats de biens ou de prestations de services réalisés auprès d'un assujetti non établi en France (article 283-1 du code général des impôts) | 0040 | | F3 | Livraisons d'électricité, de gaz naturel, de chaleur ou de froid non imposables en France | 0029 | |
| B5 | Régularisations (important : cf. notice) | 0036 | | F4 | Mises à la consommation de produits pétroliers | 0049 | |
| | | | | F5 | Importations de produits pétroliers placées sous régime fiscal suspensif | 0050 | |
| | | | | F6 | Achats en franchise | 0037 | |
| | | | | F7 | Ventes de biens ou prestations de services réalisées par un assujetti non établi en France (article 283-1 du code général des impôts) | 0043 | |
| | | | | F8 | Régularisations (important : cf. notice) | 0039 | |

**B DÉCOMPTE DE LA TVA À PAYER**

| | TVA BRUTE | | Base hors taxe | Taxe due |
|---|---|---|---|---|
| | **Opérations réalisées en France métropolitaine** | | | |
| 08 | Taux normal 20 % | 0207 | 388 253 | 77 650 |
| 09 | Taux réduit 5,5 % | 0105 | | |
| 9B | Taux réduit 10 % | 0151 | | |
| | **Opérations réalisées dans les DOM** | | | |
| 10 | Taux normal 8,5 % | 0201 | | |
| 11 | Taux réduit 2,1 % | 0100 | | |
| | **Opérations imposables à un autre taux (France métropolitaine ou DOM)** | | | |
| 13 | Anciens taux | 0900 | | |
| 14 | Opérations imposables à un taux particulier (décompte effectué sur annexe 3310 A) | 0950 | | |
| | **Produits pétroliers** | | | |
| P1 | Taux normal 20 % | 0208 | | |
| P2 | Taux réduit 13 % | 0152 | | |
| | **Importations** | | | |
| I1 | Taux normal 20 % | 0210 | 18 700 | 3 740 |
| I2 | Taux réduit 10 % | 0211 | | |
| I3 | Taux réduit 8,5 % | 0212 | | |
| I4 | Taux réduit 5,5 % | 0213 | | |
| I5 | Taux réduit 2,1 % | 0214 | | |
| I6 | Taux réduit 1,05 % | 0215 | | |
| 15 | TVA antérieurement déduite à reverser (dont TVA sur les produits pétroliers ……) (dont TVA sur les produits importés hors produits pétroliers ……) | 0600 | | |
| 5B | Sommes à ajouter, y compris acompte congés (exprimées en euro) | 0602 | | |
| 16 | **Total de la TVA brute due (lignes 08 à 5B)** | | | 81 390 |
| 17 | **Dont TVA sur acquisitions intracommunautaires** | 0035 | | 12 715 |
| 18 | **Dont TVA sur opérations à destination de Monaco** | 0038 | | |

**La ligne 11 ne concerne que les DOM.**
**Les autres opérations relevant du taux de 2,1 % sont déclarées sur l'annexe 3310 A-SD.**

| | TVA DÉDUCTIBLE | | |
|---|---|---|---|
| 19 | Biens constituant des immobilisations | 0703 | 13 800 |
| 20 | Autres biens et services | 0702 | 19 555 |
| 21 | Autre TVA à déduire<br>(dont régularisation de :<br>- TVA sur les produits pétroliers :<br>- TVA sur les produits importés hors produits pétroliers :<br>- TVA collectée sur autres produits ou PS [cf. notice] ou déductible : ) | 0059 | |
| 22 | Report du crédit apparaissant ligne 27 de la précédente déclaration | 8001 | 8 660 |
| 2C | Sommes à imputer, y compris acompte congés (exprimées en euro) | 0603 | |

| | | | | | |
|---|---|---|---|---|---|
| 22A | Indiquer le coefficient de taxation unique applicable pour la période s'il est différent de 100 ____ % | 23 | **Total TVA déductible (ligne 19 à 2C)** | | 42 015 |
| | | 24 | Dont TVA déductible sur importations hors produits pétroliers | 0710 | 3 740 |
| | | 2E | Dont TVA déductible sur les produits pétroliers | 0711 | |

| | CRÉDIT | | | | TAXE À PAYER | | |
|---|---|---|---|---|---|---|---|
| 25 | Crédit de TVA (ligne 23 – ligne 16) | 0705 | | 28 | **TVA nette due (ligne 16 – ligne 23).** | | 39 375 |
| 26 | Remboursement de crédit demandé sur formulaire n° 3519 joint | 8002 | | 29 | Taxes assimilées calculées sur annexe n° 3310 A-SD | 9979 | |
| AA | Crédit de TVA transféré à la société tête de groupe sur la déclaration récapitulative 3310-CA3G | 8005 | | AB | Total à payer acquitté par la société tête de groupe sur la déclaration récapitulative 3310-CA3G (lignes 28 + 29) | 9991 | |
| 27 | Crédit à reporter<br>(ligne 25 – ligne 26 – ligne AA)<br>(Cette somme est à reporter ligne 22 de la prochaine déclaration) | 8003 | | 32 | **Total à payer (lignes 28 + 29 – AB)**<br>(N'oubliez pas de joindre le règlement correspondant) | | 39 375 |
| | **Attention ! Une situation de TVA créditrice (ligne 25 servie) ne dispense pas du paiement des taxes assimilées déclarées ligne 29.** | | | | | | |

## 4. Proposer les écritures comptables relatives à la TVA nette de décembre.

| | | | Débit | Crédit |
|---|---|---|---|---|
| | | 31/12/N | | |
| 44571 | | État — TVA collectée | 64 935,20 | |
| 44520<br>445… | | TVA due intracommunautaire<br>TVA due importation | 12 715,40<br>3 740,00 | |
| | 44567 | Crédit de TVA à reporter — Novembre | | 8 660,00 |
| | 44566 | TVA déductible s/ABS<br>(dont 8 255,40 sur intracom et import) | | 19 555,40 |
| | 44562 | TVA déductible s/immobilisations<br>(dont 8 200,00 sur intracom ) | | 13 800,00 |
| | 44551 | TVA à décaisser | | 39 375,00 |
| | 758 | Produits divers de gestion courante | | 0,20 |
| | | *Déclaration de TVA décembre* | | |
| | | 21/01/N+1 | | |
| 44551 | | TVA à décaisser | 39 375,00 | |
| | 512 | Banque | | 39 375,00 |
| | | *Chèque n°…* | | |

*NB* : l'entreprise peut créer des comptes spécifiques pour ventiler la TVA déductible sur ABS pour ses acquisitions intracommunautaires et ses importations, et également sur les acquisitions d'immobilisations intracommunautaires et importations. À l'heure où nous imprimons l'ouvrage, le PCG n'a pas créé de comptes spécifiques pour la TVA autoliquidée sur importation, nous avons donc laissé libre cette codification : 445…

# Application 2 — Calcul de la TVA nette – Imprimé fiscal CA3 – Enregistrements comptables – Gestion du crédit de TVA (p. 62)

**1. Calculer le montant de la TVA nette du mois de septembre. Justifier le raisonnement pour chaque donnée.**

**SA Arac — Calcul TVA à décaisser**

| **Élément** | **Remarques** | **Montant** | **TVA brute** | | **TVA déductible** | | |
|---|---|---|---|---|---|---|---|
| | | | TVA collectée | TVA autoliquidée intracommunautaire et importation | TVA déductible/ ABS | TVA déductible/ immobilisations | Report crédit TVA |
| Ventes en France | Soumises | 171 346,00 | 34 269,20 | | | | |
| Ventes en Italie | Livraisons intracommunautaires Non soumises | 80 120,00 | | | | | |
| Ventes en Suisse | Exportations Non soumises | 56 354,00 | | | | | |
| Vente véhicule de tourisme Négociant biens d'occasion | Soumis | 10 000,00 | 2 000,00 | | | | |
| Vente véhicule de tourisme Régularisation TVA | TVA déductible 2/5 (22 680 / 1,2) × 0,2 × 2 / 5 = 1 512,00 | 18 900,00 | | | | 1 512,00 | |
| Achats de marchandises en Union européenne | Acquisitions intracommunautaires | 53 217,00 | | 10 643,40 | 10 643,40 | | |
| Achats de marchandises en Chine | Importations Autoliquidation | 187 530,00 | | 37 506,00 | 37 506,00 | | |
| Achats de marchandises en France | Soumis | 95 600,00 | | | 19 120,00 | | |
| Achats de fournitures en France | Soumis | 5 200,00 | | | 1 040,00 | | |
| Achats de services en France TVA sur les débits | Soumis | 38 070,00 | | | 7 614,00 | | |
| Achats de services en France réglés en sept. | Soumis 2 828,40 / 1,2 | 2 357,00 | | | 471,40 | | |
| Achats de services en France non réglés en sept. | Non soumis en sept. 3 654 – 2 357 | 1 267,00 | | | | | |
| Achats d'immobilisations en France | Soumis (37 000 × 0,9) + 1 000 + 1 700 | 36 000,00 | | | | 7 200,00 | |
| | | | | | | | |
| **Totaux écritures comptables** | | | **36 269,20** | **48 149,40** | **76 394,80** | **8 712,00** | **0,00** |
| **Totaux arrondis CA3** | | | **36 269,00** | **48 149,00** | **76 395,00** | **8 712,00** | **0,00** |
| **TVA à décaisser** | | **Crédit de TVA** | **689,00** | Taux normal | 20 % | Taux réduit | 10 % |

**2. Renseigner l'imprimé fiscal CA3 pour le mois de septembre.**

*Voir page suivante.*

## A MONTANT DES OPÉRATIONS RÉALISÉES

| | OPÉRATIONS TAXÉES (HT.) | | | | OPÉRATIONS NON TAXÉES | | |
|---|---|---|---|---|---|---|---|
| A1 | Ventes, prestations de services | 0979 | 171 346 | E1 | Exportations hors UE | 0032 | 56 354 |
| A2 | Autres opérations imposables | 0981 | 10 000 | E2 | Autres opérations non imposables | 0033 | |
| A3 | Achats de prestations de services intracommunautaires (article 283-2 du code général des impôts) | 0044 | | E3 | Ventes à distance taxables dans un autre État membre au profit des personnes non assujetties | 0047 | |
| A4 | Importations (autres que les produits pétroliers) | 0056 | 187 530 | E4 | Importations (autres que les produits pétroliers) | 0052 | |
| A5 | Sorties de régime fiscal suspensif (autres que les produits pétroliers) | 0051 | | E5 | Sorties de régime fiscal suspensif (autres que les produits pétroliers) | 0053 | |
| B1 | Mises à la consommation de produits pétroliers | 0048 | | E6 | Importations placées sous régime fiscal suspensif (autres que les produits pétroliers) | 0054 | |
| B2 | Acquisitions intracommunautaires | 0031 | 53 217 | F1 | Acquisitions intracommunautaires | 0055 | |
| B3 | Livraisons d'électricité, de gaz naturel, de chaleur ou de froid imposables en France | 0030 | | F2 | Livraisons intracommunautaires à destination d'une personne assujettie | 0034 | 80 120 |
| B4 | Achats de biens ou de prestations de services réalisés auprès d'un assujetti non établi en France (article 283-1 du code général des impôts) | 0040 | | F3 | Livraisons d'électricité, de gaz naturel, de chaleur ou de froid non imposables en France | 0029 | |
| B5 | Régularisations (important : cf. notice) | 0036 | | F4 | Mises à la consommation de produits pétroliers | 0049 | |
| | | | | F5 | Importations de produits pétroliers placées sous régime fiscal suspensif | 0050 | |
| | | | | F6 | Achats en franchise | 0037 | |
| | | | | F7 | Ventes de biens ou prestations de services réalisées par un assujetti non établi en France (article 283-1 du code général des impôts) | 0043 | |
| | | | | F8 | Régularisations (important : cf. notice) | 0039 | |

## B DÉCOMPTE DE LA TVA À PAYER

| | TVA BRUTE | | Base hors taxe | Taxe due |
|---|---|---|---|---|
| | **Opérations réalisées en France métropolitaine** | | | |
| 08 | Taux normal 20 % | 0207 | 234 563 | 46 912 |
| 09 | Taux réduit 5,5 % | 0105 | | |
| 9B | Taux réduit 10 % | 0151 | | |
| | **Opérations réalisées dans les DOM** | | | |
| 10 | Taux normal 8,5 % | 0201 | | |
| 11 | Taux réduit 2,1 % | 0100 | | |
| | **Opérations imposables à un autre taux (France métropolitaine ou DOM)** | | | |
| 13 | Anciens taux | 0900 | | |
| 14 | Opérations imposables à un taux particulier (décompte effectué sur annexe 3310 A) | 0950 | | |
| | **Produits pétroliers** | | | |
| P1 | Taux normal 20 % | 0208 | | |
| P2 | Taux réduit 13 % | 0152 | | |
| | **Importations** | | | |
| I1 | Taux normal 20 % | 0210 | 187 530 | 37 506 |
| I2 | Taux réduit 10 % | 0211 | | |
| I3 | Taux réduit 8,5 % | 0212 | | |
| I4 | Taux réduit 5,5 % | 0213 | | |
| I5 | Taux réduit 2,1 % | 0214 | | |
| I6 | Taux réduit 1,05 % | 0215 | | |
| 15 | TVA antérieurement déduite à reverser (dont TVA sur les produits pétroliers ....................) (dont TVA sur les produits importés hors produits pétroliers ....................) | 0600 | | |
| 5B | Sommes à ajouter, y compris acompte congés (exprimées en euro) | 0602 | | |
| 16 | **Total de la TVA brute due (lignes 08 à 5B)** | | | 84 418 |
| 17 | **Dont TVA sur acquisitions intracommunautaires** | 0035 | | 10 643 |
| 18 | **Dont TVA sur opérations à destination de Monaco** | 0038 | | |

**La ligne 11 ne concerne que les DOM.**
**Les autres opérations relevant du taux de 2,1 % sont déclarées sur l'annexe 3310 A-SD.**

| | TVA DÉDUCTIBLE | | |
|---|---|---|---|
| 19 | Biens constituant des immobilisations | 0703 | 7 200 |
| 20 | Autres biens et services | 0702 | 76 395 |
| 21 | Autre TVA à déduire<br>(dont régularisation de :<br>- TVA sur les produits pétroliers :<br>- TVA sur les produits importés hors produits pétroliers :<br>- TVA collectée sur autres produits ou PS [cf. notice] ou déductible : ) | 0059 | 1 512 |
| 22 | Report du crédit apparaissant ligne 27 de la précédente déclaration | 8001 | |
| 2C | Sommes à imputer, y compris acompte congés (exprimées en euro) | 0603 | |
| 22A | Indiquer le coefficient de taxation unique applicable pour la période s'il est différent de 100 : % | | |
| 23 | **Total TVA déductible (ligne 19 à 2C)** | | 85 107 |
| 24 | Dont TVA déductible sur importations hors produits pétroliers | 0710 | 37 506 |
| 2E | Dont TVA déductible sur les produits pétroliers | 0711 | |

| | CRÉDIT | | |
|---|---|---|---|
| 25 | Crédit de TVA (ligne 23 – ligne 16) | 0705 | 689 |
| 26 | Remboursement de crédit demandé sur formulaire n° 3519 joint | 8002 | |
| AA | Crédit de TVA transféré à la société tête de groupe sur la déclaration récapitulative 3310-CA3G | 8005 | |
| 27 | Crédit à reporter<br>(ligne 25 – ligne 26 – ligne AA)<br>(Cette somme est à reporter ligne 22 de la prochaine déclaration) | 8003 | 689 |

**Attention ! Une situation de TVA créditrice (ligne 25 servie) ne dispense pas du paiement des taxes assimilées déclarées ligne 29.**

| | TAXE À PAYER | | |
|---|---|---|---|
| 28 | **TVA nette due (ligne 16 – ligne 23).** | | |
| 29 | Taxes assimilées calculées sur annexe n° 3310 A-SD | 9979 | |
| AB | Total à payer acquitté par la société tête de groupe sur la déclaration récapitulative 3310-CA3G (lignes 28 + 29) | 9991 | |
| 32 | **Total à payer (lignes 28 + 29 – AB)**<br>(N'oubliez pas de joindre le règlement correspondant) | | |

**3. Proposer les écritures comptables relatives à la TVA nette de septembre.**

| | | 30/05/N | | |
|---|---|---|---|---|
| 44571 | | État — TVA collectée | 73 775,20 | |
| 44520 | | TVA due intracommunautaire | 10 643,40 | |
| 445… | | TVA due importation | 37 506,00 | |
| 44567 | | Crédit de TVA à reporter | 689,00 | |
| | 44566 | TVA déductible s/ABS (dont 48 149,40 intracom et import) | | 76 394,80 |
| | 44562 | TVA déductible s/immobilisations | | 8 712,00 |
| | 758 | Produits divers de gestion courante | | 0,80 |
| | | *Déclaration de TVA septembre* | | |

**4. Proposer une gestion pertinente du crédit de TVA de septembre et de ceux probables de chaque mois jusqu'à décembre.**

**Forme**

Note n° … « Gestion des crédits mensuels de TVA »
Date
Émetteur
Destinataire

Soigner l'orthographe et la syntaxe.

**Fond**

Vous souhaitez connaître les possibilités qui s'offrent à votre entreprise en matière de gestion des crédits mensuels de TVA.

Votre entreprise dispose actuellement d'un crédit de TVA correspondant à une situation dans laquelle la TVA sur les ventes de l'entreprise, c'est-à-dire la TVA collectée, est inférieure à la TVA déductible, c'est-à-dire la TVA sur les achats de l'entreprise.

Deux possibilités s'offrent à une entreprise qui dispose d'un crédit de TVA :
– soit elle se fait rembourser le crédit si le montant de ce dernier est supérieur à 760 € pour les 11 premiers mois de l'année (de janvier à novembre). Pour décembre, le crédit de TVA peut être remboursé s'il est au moins égal à 150 € ;
– soit elle reporte ce crédit sur ses prochaines déclarations de TVA.

Tant que l'entreprise n'a pas demandé de remboursement, elle continue donc à inscrire le crédit antérieur sur sa déclaration de TVA. Elle calculera alors le nouveau montant de TVA à payer ou le nouveau crédit de TVA (TVA du mois – crédit de TVA antérieur).

Dans notre cas, le crédit de TVA du mois de septembre s'élève à 689 € ; il n'est donc pas possible de demander le remboursement, car il est inférieur à 760 €. En revanche, la situation de crédit de TVA va se poursuivre jusqu'en décembre. Il est donc probable qu'à partir d'octobre, ce crédit de TVA soit supérieur à 760 € ; il sera alors possible de demander le remboursement du crédit.

Prénom Nom

# Application 3 — Gérer la déclaration de TVA (p. 63)

**1. Proposer les écritures comptables lors de la cession des actifs immobilisés.**

| | | | | |
|---|---|---|---|---|
| | | Mai N | | |
| 462 | | Créances s/cessions d'immobilisations | 110 000,00 | |
| | 775 | PCEA | | 110 000,00 |
| | | *Cession bâtiment* | | |
| 213 | | Constructions | 10 260,00[1] | |
| | 44562 (ou 4457 ou 4455) | TVA déductible s/immobilisations (1) | | 10 260,00 |
| | | *Cession bâtiment régularisation TVA : reversement* | | |
| 462 | | Créances s/cessions d'immobilisations | 9 840,00 | |
| | 775 | PCEA | | 8 200,00 |
| | 44571 | TVA collectée | | 1 640,00 |
| | | *Cession véhicule de tourisme* | | |
| 44562 | | TVA déductible s/immobilisations (2) | 782,00[2] | |
| | 2182 | Matériel de transport | | 782,00 |
| | | *Cession véhicule régularisation TVA : complément de déduction* | | |
| 462 | | Créances s/cessions d'immobilisations | 1 170,00 | |
| | 775 | PCEA | | 975,00 |
| | 44571 | TVA collectée | | 195,00 |
| | | *Cession meuble* | | |

1. 85 500 × 20 % × (12 / 20)
2. (23 460 / 1,20) × 20 % × (1 / 5)

*NB* : les écritures de sortie d'actif et régularisation d'amortissements ne sont pas traitées.

**2. Calculer le montant de la TVA nette du mois de mai. Justifier le raisonnement pour chaque donnée.**

*Remarques :*

– ne pas oublier les conséquences des cessions d'immobilisations en matière de TVA (*question 1*) ;

– ne pas oublier de reporter le crédit de TVA du mois d'avril (8 555 €) ;

– les prestations de services soumises au taux de TVA de 10 % sont rares pour les entreprises. On peut cependant citer, notamment, les prestations de transport de voyageurs.

*Voir page suivante.*

## SA Sanau – Calcul TVA à décaisser

| Élément | Remarques | Montant | TVA brute | | | TVA déductible | | |
|---|---|---|---|---|---|---|---|---|
| | | | TVA collectée | TVA due intracommunautaire | TVA déduite à régulariser ligne 15 | TVA déductible/ ABS | TVA déductible/ immobilisat° | Report crédit TVA |
| Ventes en France 20 % | Soumises | 371 917,00 | 74 383,40 | | | | | |
| Exportations (Norvège) | Non soumises | 31 400,00 | | | | | | |
| Livraisons intracommunautaires (Italie + Espagne) | Livraisons intracommunautaires Non soumises | 225 650,00 | | | | | | |
| Cession mobilier | TVA déduite à l'achat donc cession soumise | 975,00 | 195,00 | | | | | |
| Cession bâtiment | Non soumis Reversement de TVA déduite (12/20) | 85 500,00 | | | 10 260,00 | | | |
| Cession véhicule de tourisme | Cession à un négociant soumise | 8 200,00 | 1 640,00 | | | | | |
| Cession véhicule de tourisme | Régularisation complément de déduction : TVA non déduite (1/5) (23 460 / 1,2 × 0,2) × 1/5 | 23 460,00 | | | | | 782,00 | |
| Réalisation par l'entreprise d'une machine-outil | Auto fabrication pour les besoins de l'entreprise non soumise à la TVA | 37 500,00 | | | | | | |
| Achats de matières premières en France | Soumis | 289 328,00 | | | | 57 865,60 | | |
| Achats d'immobilisations en France | Soumis | 68 200,00 | | | | | 13 640,00 | |
| Achats de matières premières en Italie | Acquisitions intracommunautaires autoliquidation | 27 600,00 | | 5 520,00 | | 5 520,00 | | |
| Prestations enregistrées et réglées au cours du mois | Soumises Pas d'option pour les débits | 19 000,00 | | | | 3 800,00 | | |
| Prestations enregistrées non réglées au cours du mois Option pour les débits | Soumises Option pour les débits | 28 755,00 | | | | 5 751,00 | | |
| Achat de fleurs | Soumis 10 % | 165,00 | | | | 16,50 | | |
| Cadeaux d'une valeur unitaire HT de 70 € | Non récupérable, car > 73 € TTC | 700,00 | | | | | | |
| Services divers enregistrés en mai 10 % | Soumis Option pour les débits | 3 200,00 | | | | 320,00 | | |
| **Totaux écritures comptables** | | | **76 218,40** | **5 520,00** | **10 260,00** | **73 273,10** | **14 422,00** | **8 555,00** |
| **Totaux arrondis CA3** | | | **76 218,00** | **5 520,00** | **10 260,00** | **73 273,00** | **14 422,00** | **8 555,00** |
| **TVA à décaisser** | | **Crédit de TVA** | **4 252,00** | Taux normal | | 20 % | Taux réduit | 10 % |

## 3. Renseigner l'imprimé fiscal CA3 pour le mois de mai.

*Voir page suivante.*

## A MONTANT DES OPÉRATIONS RÉALISÉES

| | OPÉRATIONS TAXÉES (HT.) | | | | OPÉRATIONS NON TAXÉES | | |
|---|---|---|---|---|---|---|---|
| A1 | Ventes, prestations de services | 0979 | 371 917 | E1 | Exportations hors UE | 0032 | 31 400 |
| A2 | Autres opérations imposables | 0981 | 9 175 | E2 | Autres opérations non imposables | 0033 | |
| A3 | Achats de prestations de services intracommunautaires (article 283-2 du code général des impôts) | 0044 | | E3 | Ventes à distance taxables dans un autre État membre au profit des personnes non assujetties | 0047 | |
| A4 | Importations (autres que les produits pétroliers) | 0056 | | E4 | Importations (autres que les produits pétroliers) | 0052 | |
| A5 | Sorties de régime fiscal suspensif (autres que les produits pétroliers) | 0051 | | E5 | Sorties de régime fiscal suspensif (autres que les produits pétroliers) | 0053 | |
| B1 | Mises à la consommation de produits pétroliers | 0048 | | E6 | Importations placées sous régime fiscal suspensif (autres que les produits pétroliers) | 0054 | |
| B2 | Acquisitions intracommunautaires | 0031 | 27 600 | F1 | Acquisitions intracommunautaires | 0055 | |
| B3 | Livraisons d'électricité, de gaz naturel, de chaleur ou de froid imposables en France | 0030 | | F2 | Livraisons intracommunautaires à destination d'une personne assujettie | 0034 | 225 650 |
| B4 | Achats de biens ou de prestations de services réalisés auprès d'un assujetti non établi en France (article 283-1 du code général des impôts) | 0040 | | F3 | Livraisons d'électricité, de gaz naturel, de chaleur ou de froid non imposables en France | 0029 | |
| B5 | Régularisations (important : cf. notice) | 0036 | | F4 | Mises à la consommation de produits pétroliers | 0049 | |
| | | | | F5 | Importations de produits pétroliers placées sous régime fiscal suspensif | 0050 | |
| | | | | F6 | Achats en franchise | 0037 | |
| | | | | F7 | Ventes de biens ou prestations de services réalisées par un assujetti non établi en France (article 283-1 du code général des impôts) | 0043 | |
| | | | | F8 | Régularisations (important : cf. notice) | 0039 | |

## B DÉCOMPTE DE LA TVA À PAYER

| | TVA BRUTE | | Base hors taxe | Taxe due |
|---|---|---|---|---|
| | **Opérations réalisées en France métropolitaine** | | | |
| 08 | Taux normal 20 % | 0207 | 408 692 | 81 738 |
| 09 | Taux réduit 5,5 % | 0105 | | |
| 9B | Taux réduit 10 % | 0151 | | |
| | **Opérations réalisées dans les DOM** | | | |
| 10 | Taux normal 8,5 % | 0201 | | |
| 11 | Taux réduit 2,1 % | 0100 | | |
| | **Opérations imposables à un autre taux (France métropolitaine ou DOM)** | | | |
| 13 | Anciens taux | 0900 | | |
| 14 | Opérations imposables à un taux particulier (décompte effectué sur annexe 3310 A) | 0950 | | |
| | **Produits pétroliers** | | | |
| P1 | Taux normal 20 % | 0208 | | |
| P2 | Taux réduit 13 % | 0152 | | |
| | **Importations** | | | |
| I1 | Taux normal 20 % | 0210 | | |
| I2 | Taux réduit 10 % | 0211 | | |
| I3 | Taux réduit 8,5 % | 0212 | | |
| I4 | Taux réduit 5,5 % | 0213 | | |
| I5 | Taux réduit 2,1 % | 0214 | | |
| I6 | Taux réduit 1,05 % | 0215 | | |
| 15 | TVA antérieurement déduite à reverser (dont TVA sur les produits pétroliers ……………) (dont TVA sur les produits importés hors produits pétroliers ……………) | 0600 | | 10 260 |
| 5B | Sommes à ajouter, y compris acompte congés (exprimées en euro) | 0602 | | |
| 16 | **Total de la TVA brute due (lignes 08 à 5B)** | | | 91 998 |
| 17 | **Dont TVA sur acquisitions intracommunautaires** | 0035 | | 5 520 |
| 18 | **Dont TVA sur opérations à destination de Monaco** | 0038 | | |

**La ligne 11 ne concerne que les DOM.**
**Les autres opérations relevant du taux de 2,1 % sont déclarées sur l'annexe 3310 A-SD.**

| TVA DÉDUCTIBLE | | | |
|---|---|---|---|
| 19 | Biens constituant des immobilisations | 0703 | 14 422 |
| 20 | Autres biens et services | 0702 | 73 273 |
| 21 | Autre TVA à déduire<br>(dont régularisation de :<br>- TVA sur les produits pétroliers :<br>- TVA sur les produits importés hors produits pétroliers :<br>- TVA collectée sur autres produits ou PS [cf. notice] ou déductible : ) | 0059 | |
| 22 | Report du crédit apparaissant ligne 27 de la précédente déclaration | 8001 | 8 555 |
| 2C | Sommes à imputer, y compris acompte congés (exprimées en euro) | 0603 | |

| | | | | | |
|---|---|---|---|---|---|
| 22A | Indiquer le coefficient de taxation unique applicable pour la période s'il est différent de 100 : ___ % | 23 | **Total TVA déductible (ligne 19 à 2C)** | | 96 250 |
| | | 24 | Dont TVA déductible sur importations hors produits pétroliers | 0710 | |
| | | 2E | Dont TVA déductible sur les produits pétroliers | 0711 | |

| CRÉDIT | | | | TAXE À PAYER | | | |
|---|---|---|---|---|---|---|---|
| 25 | Crédit de TVA (ligne 23 – ligne 16) | 0705 | 4 252 | 28 | **TVA nette due (ligne 16 – ligne 23).** | | |
| 26 | Remboursement de crédit demandé sur formulaire n° 3519 joint | 8002 | | 29 | Taxes assimilées calculées sur annexe n° 3310 A-SD | 9979 | |
| AA | Crédit de TVA transféré à la société tête de groupe sur la déclaration récapitulative 3310-CA3G | 8005 | | AB | Total à payer acquitté par la société tête de groupe sur la déclaration récapitulative 3310-CA3G (lignes 28 + 29) | 9991 | |
| 27 | Crédit à reporter (ligne 25 – ligne 26 – ligne AA)<br>(Cette somme est à reporter ligne 22 de la prochaine déclaration) | 8003 | 4 252 | 32 | **Total à payer (lignes 28 + 29 – AB)**<br>(N'oubliez pas de joindre le règlement correspondant) | | |

**Attention ! Une situation de TVA créditrice (ligne 25 servie) ne dispense pas du paiement des taxes assimilées déclarées ligne 29.**

**4. Proposer les écritures comptables relatives à la TVA nette de mai.**

| | | 30/05/N | | |
|---|---|---|---|---|
| 44571 | | État — TVA collectée | 76 218,40 | |
| 44520 | | TVA due intracommunautaire | 5 520,00 | |
| | 44562 | TVA déductible s/immobilisations | | 4 162,00* |
| | 44567 | Crédit de TVA — Avril | | 8 555,00 |
| | 44566 | TVA déductible s/ABS | | 73 273,10 |
| 44567 | | Crédit de TVA — Mai | 4 252,00 | |
| | 758 | Produits divers de gestion courante | | 0,30 |
| | | *CA3 mai* | | |

Il n'y a aucune écriture de règlement en juin, car l'entreprise connaît un crédit de TVA en mai.

**5. Répondre à l'interrogation du dirigeant de l'entreprise sous la forme d'une note structurée.**

**Forme**

Note n° … « Cession bien immeuble – Option en matière de TVA »
Date
Émetteur
Destinataire

Soigner l'orthographe et la syntaxe.

**Fond**

Lorsqu'une entreprise cède un bien immeuble, il lui est possible d'opter pour la soumission de cette cession à la TVA.

Pour les immeubles achevés depuis plus de 5 ans, une option à la TVA sur la cession peut être émise par le cédant, ce qui entraîne une TVA collectée. La TVA peut être calculée sur le prix de cession ou sur la marge (prix de cession HT – coût d'acquisition HT).

Dans le cas de l'option, aucune régularisation de la TVA initialement déduite ne sera opérée ; il s'agit là de l'intérêt de l'option pour le cédant.

L'acquéreur, s'il n'est pas assujetti à la TVA, verra en revanche le coût d'acquisition de l'immeuble majoré de 20 % (taux de TVA).

Si l'acquéreur est assujetti à la TVA, le fait que le cédant choisisse l'option est neutre, car il récupérera la TVA.

Si aucune option n'a été formulée, une régularisation de la TVA initialement déduite est opérée si la cession est réalisée pendant la période de régularisation, qui est de 20 ans pour les immeubles. L'année d'acquisition et l'année de cession comptent chacune pour une année complète. La régularisation sera calculée par 1/20e.

Prénom Nom

## Application 4 — Analyser une déclaration de TVA (p. 64)

● **Analyser le document. Proposer une explication pour le montant de 8 000 € (ligne 2).**

L'entreprise qui effectue cette déclaration est soumise au régime du réel normal (document fiscal CA3). La déclaration est mensuelle, aucune information ne permet ici de préciser le mois.

**A. Montant des opérations réalisées**

L'activité de l'entreprise est internationale :

**• Les opérations HT taxées à la TVA sont les suivantes :**

– ligne A1 : « Ventes, prestations de services » pour 169 011 €. Ce sont des opérations qui correspondent à l'activité de l'entreprise ;

– ligne A2, « Autres opérations imposables » : 8 000 €, s'explique probablement par la cession d'un actif immobilisé ; il s'agit du prix de cession soumis à la TVA ;

– ligne A4, « Importation (autres que les produits pétroliers) » : 19 000 €. Cette ligne est préremplie par l'administration à partir des éléments préalablement déclarés à la Direction générale des douanes et droits indirects (DGDDI). Le préremplissage est effectif le 14 de chaque mois et la limite de déclaration de TVA CA3 est fixée au 24 de chaque mois après vérification des informations préremplies. Il s'agit d'opérations autoliquidées ;

– ligne B2, « Acquisitions intracommunautaires » : 37 800 €. Il s'agit d'opérations autoliquidées.

*Remarques :*

• Tous ces éléments (lignes A1 à B2) seront taxés en fonction des taux de TVA applicables dans le cadre B de la déclaration partie « TVA BRUTE » lignes 8 à 18.

• Les opérations faisant l'objet d'une autoliquidation (lignes A4 et B2) feront également l'objet d'une déduction de TVA (après contrôle des conditions de déductibilité) dans la partie « TVA DÉDUCTIBLE » lignes 19 à 24 »

**• Les opérations non taxées sont les suivantes :**

– Ligne E1, « Exportations hors UE » : 25 270 € sont exonérées de TVA

– Ligne F2, « Livraisons intracommunautaires à destination d'une personne assujettie » : 13 120 € sont exonérées de TVA.

# Chapitre 4 — Synthèse

## I. Le régime du réel normal, le calcul de la TVA mensuelle

Le régime du réel normal est applicable aux entreprises les plus importantes (CGI, art. 287-2), qui doivent, chaque mois, adresser à l'administration fiscale une déclaration : l'imprimé fiscal CA3. La déclaration CA3 est produite chaque trimestre civil si la taxe exigible pour l'année civile précédente est inférieure à 4 000 €. Les entreprises déposent l'imprimé CA3 le mois qui suit selon un échéancier qui dépend de leur forme juridique ou le 24 du mois si l'entreprise réalise des opérations d'importations.

Par différence entre la TVA collectée au titre d'un mois et la TVA déductible du même mois, on obtient :
– soit une TVA nette (la TVA collectée est supérieure à la TVA déductible) : il s'agit de la TVA à payer (à décaisser) du mois ;
– soit un crédit de TVA (la TVA collectée est inférieure à la TVA déductible) : il s'agit d'une créance sur l'administration fiscale qui sera reportée sur la déclaration suivante ou remboursée si les conditions sont remplies.

## II. La déclaration de TVA : l'imprimé fiscal CA3

Toute entreprise soumise au régime réel doit utiliser les téléprocédures pour renseigner l'imprimé fiscal CA3 et l'éventuel paiement de la TVA due.

L'imprimé fiscal CA3 détaille le chiffre d'affaires réalisé le mois écoulé par taux de TVA. Il précise le montant de la TVA brute et celui de la TVA déductible. Par différence, apparaît le montant de la TVA à payer ou du crédit de TVA dans la dernière partie du document.

La déclaration de TVA CA3 est divisée en trois parties :

### A. MONTANT DES OPÉRATIONS RÉALISÉES

Cette partie mentionne le montant des opérations réalisées pendant le mois. Elle distingue les opérations imposables et les opérations non imposables.

### B. DÉCOMPTE DE LA TVA À PAYER

Cette partie se décompose en deux sous-parties, la TVA brute et la TVA déductible :

– **TVA brute :** taxation des opérations suivant les taux de TVA et les régularisations ;

– **TVA déductible :** déduction de la TVA pour les opérations qui remplissent les conditions de déductibilité et régularisations.

### C. Le CRÉDIT de TVA ou la TAXE À PAYER

C'est la différence entre le montant total de la TVA brute (ligne 16) et le montant total de la TVA déductible (ligne 23) :
– si le montant de la TVA brute est supérieur au montant de la TVA déductible, il s'agit d'inscrire la TVA à payer à la ligne 28 de l'imprimé (et de le reporter à la ligne 32) ;
– si le montant de la TVA brute est inférieur au montant de la TVA déductible, il s'agit d'inscrire le crédit de TVA à la ligne 25 (et de le reporter à la ligne 26 ou 27 si l'entreprise demande son remboursement). En cas de report, le montant du crédit de TVA du mois apparaîtra dans la déclaration de TVA CA3 du mois suivant (à la ligne 22).

## III. La gestion du crédit de TVA

Le crédit de TVA mentionné en ligne 25 de la déclaration CA3 est soit reporté sur la déclaration de TVA du mois suivant, soit remboursé sous certaines conditions.

La demande de remboursement d'un crédit de TVA est autorisée dès lors que le crédit dégagé remplit les conditions de seuil minimum suivantes :
– 760 € : remboursement mensuel ou trimestriel formulé au titre de janvier à novembre ou des trois premiers trimestres ;
– 150 € : remboursement annuel formulé au titre de décembre ou du 4e trimestre.

## IV. La déclaration et le paiement de la TVA – Les enregistrements comptables

Toutes les entreprises doivent procéder à la télédéclaration et au télérèglement de leur TVA (téléprocédures), qui entraînent des enregistrements comptables dans le journal des opérations diverses.

La déclaration au titre d'un mois est adressée à l'administration fiscale le mois suivant. Elle est fréquemment enregistrée à la fin du mois concerné.

La déclaration de TVA consiste à solder tous les comptes de TVA utilisés au cours du mois (TVA déductible lors des achats, TVA collectée lors des ventes, TVA due intracommunautaire, TVA due sur importation, crédit de TVA du mois précédent) afin de faire apparaître soit le compte « TVA à décaisser », soit le compte « Crédit de TVA ».

# Chapitre 5

# TVA : franchise de TVA et régime du réel simplifié d'imposition

## Positionnement du chapitre dans le référentiel

| | |
|---|---|
| **Activité** | 3.2. Traitement des opérations relatives à la TVA |
| **Composantes d'activité** | 3.2.2. Établissement, contrôle et transmission de la déclaration de TVA<br>3.2.3. Enregistrement comptable de la déclaration de TVA<br>3.2.4. Conseils en matière de régime et d'options de TVA |
| **Savoirs associés** | - Déclaration et paiement de la TVA<br>- Traitement des crédits de TVA<br>- Options de TVA<br>- Renonciation à la franchise |
| **Compétences** | – Établir, contrôler les déclarations régulières de TVA<br>– Effectuer l'enregistrement comptable de la déclaration de TVA et les paiements correspondants<br>– Formuler des conseils en matière de régime de TVA |
| **Liens P7** | Extraction de données du PGI nécessaire au traitement de la TVA avec un tableur et enregistrement des écritures |
| **Vers Pix** | 1.3. Traiter des données<br>3.1. Développer des documents textuels |

## Travail à faire (p. 66)

### I. Le régime de la franchise de TVA

**1. Indiquer le régime fiscal dont relève l'entreprise en matière de TVA pour l'exercice 2021. Justifier votre réponse.**

Pour l'exercice 2021, l'EIRL Prim'Bio, créée par M. Renaud, relève en matière de TVA du régime de la franchise en base de TVA, compte tenu de :
– son statut juridique : EIRL ;
– son activité de ventes de biens : entreprise commerciale ;
– son chiffre d'affaires prévisionnel de 70 000 € (< 85 800 €).

Son régime d'imposition est celui du micro BIC compte tenu de son statut juridique et de son chiffre d'affaires prévisionnel de 70 000 € (< 176 200 €) pour une entreprise commerciale.

**2. Préciser les caractéristiques de ce régime de TVA.**

Le régime de la franchise se caractérise par le fait que l'entreprise :
– ne facture pas de TVA : elle ne collecte pas de TVA ;
– ne peut pas récupérer la TVA sur ses propres achats : elle ne déduit pas de TVA ;
– ne tient pas de comptabilité, mais uniquement un registre des achats et un livre des recettes.

**3. Indiquer la mention que doit faire figurer M. Renaud sur ses factures. Préciser quelle est son utilité.**

L'entreprise doit indiquer sur ses factures de vente la mention : « TVA non applicable, article 293 B du CGI », afin d'informer ses clients du fait que ces factures ne leur ouvriront pas de droit à déduction. Les clients ne pourront pas récupérer de TVA sur les achats effectués auprès de l'EIRL Prim'Bio.

**4. Indiquer si M. Renaud doit obligatoirement renoncer au régime de la franchise à la fin de l'année 2021.**

L'activité de l'EIRL Prim'Bio dégage un chiffre d'affaires de 89 800 € à la fin de l'exercice comptable 2021. Ce CA HT est donc supérieur à la limite de 85 800 €, seuil fixé pour la franchise.

Cependant, des seuils de tolérance existent : 94 300 € pour les ventes de biens et 36 500 € pour les prestations de services.

Comme le CA HT de Prim'Bio est compris entre 85 800 € et 94 300 €, l'EIRL pourra continuer à bénéficier de la franchise pour 2022.

**5. Présenter sous forme de mail la réponse argumentée que le collaborateur vous charge de rédiger.**

| | |
|---|---|
| **De** | expertplus@orange.fr |
| **À** | renaudbio@sfr.fr |
| **Date** | 13/12/2021 |
| **Objet** | Re : Conseil sur l'évolution de mon entreprise |

Bonjour M. Renaud,

Compte tenu de votre chiffre d'affaires prévisionnel, et afin de simplifier les démarches et les formalités, nous vous avons conseillé de démarrer votre activité en 2021, en créant une EIRL sous le régime de la microentreprise avec franchise de TVA.

Ce régime vous a permis d'être dispensé, au titre de la franchise en base, de toute déclaration de TVA et de tout paiement de TVA.

La spécificité de la franchise de TVA vous dispense de collecter de la TVA et a pour contrepartie que vos clients ne peuvent pas la récupérer sur leurs achats. Tant que vous aviez comme clientèle des particuliers, la question ne se posait pas. Par contre, les restaurateurs, en tant qu'assujettis à la TVA, sont sensibles à la possibilité de récupérer la TVA sur leurs achats.

De plus, le régime de la franchise ne vous autorise pas à récupérer la TVA que vous facturent vos fournisseurs sur vos achats. Donc, en effet, c'est bien le prix TTC de votre investissement, soit 3 180 €, que vous devrez supporter, sans pouvoir bénéficier de l'opportunité de récupérer les 518 € de TVA facturée.

La seule solution que nous pouvons vous proposer est de faire évoluer votre régime d'imposition en matière de TVA du régime de la franchise vers celui du réel simplifié d'imposition.

Vous aurez alors l'obligation de faire figurer la TVA sur vos factures, TVA que vos clients assujettis pourront récupérer, et vous pourrez alors déduire la TVA sur vos achats ou investissements.

Ce changement de régime ne vous oblige pas à tenir une comptabilité détaillée, mais seulement à tenir un livre aux pages numérotées sur lequel seront inscrites de façon chronologique toutes les opérations taxables ou non à la TVA afin de pouvoir déclarer et payer la TVA dont vous serez redevable.

Il vous est aussi possible d'opter pour le régime du réel simplifié en matière d'imposition de vos résultats et ainsi de renoncer au régime du micro BIC. Vous serez alors obligé de tenir une comptabilité détaillée.

| |
|---|
| Nous nous tenons à votre disposition pour vous accompagner dans les démarches futures et vous proposer la mise en place d'une organisation comptable adaptée au choix que vous aurez retenu.<br>Nous espérons avoir répondu à vos attentes.<br>Cordialement,<br>Le collaborateur d'ExpertPlus |

## II. La détermination de la TVA due au titre de l'exercice 2022

**6. Préciser les particularités du régime du réel simplifié d'imposition en matière de TVA, par comparaison au régime du réel normal.**

Dans le cas du régime du réel normal, la TVA est calculée et payée mensuellement.

Afin de bénéficier du régime du RSI, les entreprises doivent respecter deux conditions :

– limite de CA HT : ne pas dépasser les seuils de 818 000 € pour les ventes de biens, 247 000 € pour les prestations de services ;

– limite de TVA exigible : TVA exigible de N–1 < 15 000 €.

Le RSI se caractérise par :

– l'absence de déclaration de TVA pendant l'année ;

– une déclaration annuelle de TVA (CA 12) afin de déterminer la TVA due au titre de l'exercice comptable ;

– le versement spontané de deux acomptes semestriels qui s'imputeront sur le montant de la TVA due lors de la déclaration et de la régularisation annuelle de TVA.

**7. Identifier, dans l'extrait de la balance des comptes, le compte de TVA spécifique au régime du réel simplifié d'imposition.**

Le versement spontané des deux acomptes semestriels s'enregistre en comptabilité dans le compte 4458100 « Acompte – Régime simplifié d'imposition ».

Ce compte sera soldé lors de la régularisation annuelle de TVA.

**8. Préciser le montant total des acomptes versés par l'EIRL Prim'Bio au titre de l'exercice 2022.**

L'EIRL a versé 1 672 € au titre des acomptes dont elle est redevable pour l'exercice 2022. Cette somme correspond au solde débiteur du compte 4458100 figurant dans la balance au 31/12/2022 avant régularisation annuelle de la TVA.

P7 **9. Justifier le choix de subdiviser le compte de TVA collectée lors du paramétrage du plan de comptes de l'entreprise sur le PGI. Vérifier le solde respectif des deux comptes de TVA collectée.**

L'EIRL Prim'Bio commercialise des produits qui relèvent, d'une part, du taux réduit de TVA (fruits et légumes), d'autre part, du taux normal (vin et confiseries).

Afin de faciliter le suivi de la TVA collectée dont elle sera redevable et la réalisation de la déclaration de TVA CA12, l'EIRL distingue deux comptes de TVA : 4457155 « TVA collectée à 5,5 % » et 4457120 « TVA collectée à 20 % ».

Vérification des soldes :

– le solde du compte 4457155 correspond à la TVA collectée sur les ventes de fruits et légumes (compte 7071000), soit : 136 007,64 × 5,5 % = 7 480,42 € ;

– le solde du compte 4457120 correspond à la TVA collectée sur les ventes de vin (compte 7072010) et de confiseries (compte 7072020), soit : (22 200,05 + 5 300) × 20 % = 5 500,01 €.

P7 **10. Procéder à la détermination de la TVA due et du solde de TVA restant à payer au titre de l'exercice 2022, sur tableur.**

À partir des soldes des comptes figurant dans la balance au 31/12/2022 :

TVA due au titre de l'exercice 2022 :

| | Base | Montant TVA | | |
|---|---|---|---|---|
| TVA collectée à 20 % | 27 500,05 | 5 500,01 | | 5 500,00 |
| TVA collectée à 5,5 % | 136 007,64 | 7 480,42 | | 7 480,00 |
| **Total TVA collectée** | | | | **12 980,00** |
| TVA déductible sur ABS | | 8 776,25 | 8 776,00 | |
| TVA déductible sur immobilisations | | 980,02 | 980,00 | |
| **Total TVA déductible** | | | **9 756,00** | – 9 756,00 |
| **TVA due** | | | | **3 224,00** |
| Acomptes versés en 2022 | | | | – 1 672,00 |
| **Solde restant à payer** | | | | **1 552,00** |

## III. La déclaration CA12 et sa comptabilisation au titre de l'exercice 2022

**11. Préciser la date limite à laquelle doivent être effectués la télédéclaration et le télépaiement.**

La date limite pour télédéclarer la CA12 de l'exercice comptable 2022 et télépayer le solde restant dû est fixée au 2e jour ouvré suivant le 1er mai N+1, soit le 3 mai 2023.

**12. Justifier les sommes mentionnées sur chacune des lignes des cadres I, II et III de l'imprimé CA12 généré par le PGI.**

*NB* : toutes les sommes figurant dans la déclaration sont arrondies à l'euro le plus proche.

| **I – TVA BRUTE** | | |
|---|---|---|
| | OPERATIONS IMPOSABLES | |
| 5A | Taux normal 20 % | Base HT : solde des comptes 7072010 et 7072020<br>Taxe due : solde du compte 4457120 |
| 06 | Taux réduit 5,5 % | Base HT : solde du compte 7071000<br>Taxe due : solde du compte 4457155 |
| 16 | Total de la taxe due | Total de la TVA collectée |
| 19 | Total de la TVA brute due | Total de la TVA collectée (car aucun élément rajouté) |
| **II – TVA DÉDUCTIBLE** | | |
| | AUTRES BIENS ET SERVICES | |
| 20 | Déductions sur factures | Taxe déductible : solde du compte 4456600 |
| | IMMOBILISATIONS | |
| 23 | TVA déductible sur immobilisations | Taxe déductible : solde du compte 4456200 |
| 26 | Total de la TVA déductible | Total TVA déductible sur ABS et sur immobilisations |

| III – TVA NETTE | | |
|---|---|---|
| | RESULTAT DE LA LIQUIDATION | |
| 28 | TVA due | Taxe : correspond à la différence entre la TVA brute (collectée) et le total de la TVA déductible.<br>Il y a TVA due, car TVA collectée > TVA déductible.<br>Si TVA collectée < TVA déductible, alors la ligne 29 mentionne le crédit de TVA dégagé par l'exercice. |
| | IMPUTATIONS/REGULARISATIONS | |
| 30 | Acomptes payés et/ou restants dus | Taxe : solde du compte 4458100 avec mention du détail du montant de chacun des acomptes versés pendant l'exercice |
| | RESULTAT NET | |
| 33 | Solde à payer | Taxe : correspond à la différence entre la TVA due et le total des acomptes versés pendant l'exercice.<br>Il y a solde à payer, car TVA due > Total des acomptes versés.<br>Si TVA due < Total des acomptes versés, alors la ligne 34 indique le solde excédentaire de versement. |

**13. Procéder à l'enregistrement comptable dans les journaux appropriés de la télédéclaration et du télépaiement.**

| Journal | Date | Compte | Libellé | Débit | Crédit |
|---|---|---|---|---|---|
| OD | 31/12/2022 | 4457155 | Télédéclaration CA12 de 2022 | 7 480,42 | |
| | | 4457120 | | 5 500,01 | |
| | | 4456600 | | | 8 776,25 |
| | | 4456200 | | | 980,02 |
| | | 4458100 | | | 1 672,00 |
| | | 4455100 | | | 1 552,00 |
| | | 7580000 | | | 0,16 |
| BA | 03/05/2022 | 4455100 | Télérèglement CA12 de 2022 | 1 552,00 | |
| | | 5121000 | | | 1 552,00 |

**14. Expliquer dans quel contexte l'entreprise doit renseigner les lignes « a » ou « b » du cadre « VI – Demande de remboursement » de la déclaration CA12.**

Si la liquidation de la TVA de l'exercice comptable dégage un crédit de TVA (Total TVA collectée < Total TVA déductible) et si ce crédit est supérieur à 150 €, alors l'entreprise peut en demander le remboursement. Elle formulera sa demande de remboursement en complétant la ligne « a » du cadre « VI – Demande de remboursement » de la déclaration CA12.

Si la liquidation de la TVA de l'exercice comptable dégage une TVA due inférieure au total des acomptes versés pendant l'exercice, l'entreprise pourra demander le remboursement de cet excédent de versement. Elle formulera sa demande de remboursement en complétant la ligne « b » du cadre « VI – Demande de remboursement » de la déclaration CA12.

## IV. Le calcul et la déclaration des acomptes versés en 2023

**15. Vérifier la base de calcul de ces acomptes qui figure ligne 57 du cadre « V – Récapitulation » de l'imprimé CA12 de 2022.**

La base de calcul des acomptes versés pendant l'exercice comptable 2023 est la taxe due en 2022 avant déduction de la TVA sur immobilisations :
TVA collectée de 2022 – TVA déductible sur biens et services de 2022
= 12 980 – 8 776 = 4 204 €

P7 **16. Calculer, sur tableur, le montant prévisionnel de chacun des acomptes à verser en 2023.**

Les entreprises relevant du RSI versent deux acomptes semestriels en juillet et en décembre, respectivement égaux à 55 % et 40 % de la taxe due avant déduction de la TVA sur immobilisation.

Premier acompte semestriel 2022 : 4 204 × 55 % = 2 312,20 arrondi 2 312 €.

Second acompte semestriel 2022 : 4 204 × 40 % = 1 681,60 arrondi 1 682 €.

**17. Proposer une réduction du montant du premier acompte compte tenu de la TVA réellement due au titre du premier semestre 2023. D'après l'investissement réalisé au cours du premier semestre, quelle autre solution aurait pu être envisagée pour améliorer la trésorerie de l'entreprise ?**

L'entreprise a la possibilité de moduler ses acomptes à la baisse en fonction de la TVA réellement due au titre du semestre si le montant de la TVA réellement due après déduction de la TVA sur immobilisations est inférieur d'au moins 10 % au montant de l'acompte correspondant.

Montant du premier acompte prévisionnel 2023 : 2 312 €

Montant de la TVA réellement due au titre du premier semestre 2023 :

| | | | |
|---|---|---|---|
| TVA collectée 5,5 % | 4 114,12 | 4 114 | |
| TVA collectée 20 % | 3 187,83 | 3 188 | |
| **Total TVA collectée** | | **7 302** | 7 302 |
| TVA déductible ABS | 4 899,70 | 4 900 | |
| TVA déductible sur immobilisations | 1 202,20 | 1 202 | |
| **Total TVA déductible** | | **6 102** | – 6 102 |
| **TVA réellement due** | | | **1 200** |

Le montant de la TVA réellement due (1 200 €) est inférieur de plus de 10 % au montant de l'acompte fixe : 2 312 – (2 312 × 10 %) = 2 080,80 €.

L'EIRL Prim'Bio peut donc ne verser au titre du premier acompte que le montant de la TVA réellement due, soit 1 200 €.

Autre solution envisageable :

Le montant de la TVA sur immobilisations (1 202,20 €) est supérieur à 760 €.

L'EIRL Prim'Bio peut donc demander le remboursement de cette TVA, soit 1 202 €. Elle accompagnera sa demande des factures portant mention de cette TVA.

Elle devra par ailleurs verser le montant de l'acompte fixe, soit 2 312 €, au titre de premier acompte.

 

P7 **18. Télécharger et renseigner l'imprimé 3514 « Avis d'acompte – Régime simplifié » pour le premier acompte 2023 compte tenu de la modulation calculée précédemment.**

*Voir pages 66-67.*

**19. Préciser pour quelle raison le montant du deuxième acompte n'a pu être modulé à la baisse.**

Montant du deuxième acompte prévisionnel 2023 : 1 682 €.

Montant de la TVA réellement due au titre du deuxième semestre 2023 :

| | | | |
|---|---|---|---|
| TVA collectée 5,5 % | 3 633,46 | 3 633 | |
| TVA collectée 20 % | 2 740,00 | 2 740 | |
| **Total TVA collectée** | | **6 373** | 6 373 |
| TVA déductible ABS | 2 820,35 | 2 820 | |
| TVA déductible sur immobilisations | 0,00 | 0 | |
| **Total TVA déductible** | | **2 820** | – 2 820 |
| **TVA réellement due** | | | **3 553** |

Le montant de la TVA réellement due (3 553 €) n'est pas inférieur de plus de 10 % au montant de l'acompte fixe de 1 682 €.

L'EIRL versera donc le montant de l'acompte fixe au titre du deuxième acompte, soit 1 682 €.

P7 **20. Télécharger et renseigner l'imprimé 3514 « Avis d'acompte – Régime simplifié » pour le deuxième acompte 2023.**

*Voir pages 68-69.*

**21. Enregistrer, pour chacun de ces acomptes, les écritures nécessaires dans les journaux appropriés.**

| Journal | Date | Compte | Libellé | Débit | Crédit |
|---|---|---|---|---|---|
| OD | 30/06/2023 | 4458100 | 1er acompte TVA de 2023 | 1 200,00 | |
| | | 4455100 | | | 1 200,00 |
| BQ | 19/07/2023 | 4455100 | Télérèglement 1er acompte TVA | 1 200,00 | |
| | | 5121100 | | | 1 200,00 |
| OD | 30/11/2023 | 4458100 | 2e acompte TVA de 2023 | 1 682,00 | |
| | | 4455100 | | | 1 682,00 |
| BQ | 19/12/2023 | 4455100 | Télérèglement 2e acompte TVA | 1 682,00 | |
| | | 5120000 | | | 1 682,00 |

**Imprimé 3514 « Avis d'acompte – Régime simplifié » pour le premier acompte 2023** ***(question 18)***

Liberté • Égalité • Fraternité
RÉPUBLIQUE FRANÇAISE

DIRECTION GÉNÉRALE DES FINANCES PUBLIQUES

N° 3514

**TAXE SUR LA VALEUR AJOUTÉE (ET TAXES ASSIMILÉES)**

cerfa
N° 11744 * 09

Enregistrer sous...

**RÉGIME SIMPLIFIÉ**

**AVIS D'ACOMPTE**

Jours et heures de réception

Adresse du service où cet avis d'acompte doit être déposé → SIE de NICE

**au plus tard le** →

Tout retard, défaut de paiement ou minoration indue entraîne l'application d'une majoration de 5 % du montant de l'acompte (art. 1731.1 du CGI)

Identification du destinataire → EIRL Prim'Bio

Adresse de l'établissement (quand celle-ci est différente de l'adresse du destinataire)

*Rayer les indications imprimées par ordinateur qui ne correspondent plus à la situation exacte de l'entreprise,* ***rectifiez-les en rouge.***

| SIE | Numéro de dossier | Clé | CDI | Code Service | Régime |
|---|---|---|---|---|---|
| | | | | | |

Numéro de TVA intracommunautaire

N° d'identification de l'établissement (SIRET)

*La charte du contribuable : des relations entre l'administration fiscale et le contribuable basées sur les principes de simplicité, de respect et d'équité. Disponible sur www.impots.gouv.fr et auprès de votre service des impôts.*

**ACOMPTE DU :** 30/06/2023 **EXIGIBLE LE** 19/07/2023

**MONTANT À PAYER :** 2312 €

**Si l'acompte que vous souhaitez payer est égal au montant indiqué, vous n'avez pas besoin de renseigner les cadres figurant au verso du formulaire. Vous pouvez directement dater et signer votre avis d'acompte.**

***Vous n'avez pas d'acompte de TVA à payer pendant l'exercice en cours lorsque le montant de la TVA due pour l'exercice précédent, avant déduction de la TVA relative aux immobilisations (ligne 57 de la déclaration CA12/CA12E), est inférieur à 1 000 €. Dans ce cas, renvoyez l'avis complété de la mention « Dispense de paiement ».***

**CADRE RÉSERVÉ À LA CORRESPONDANCE**

**PAIEMENT, DATE, SIGNATURE**

Date : 19/07/2023 Signature :

Téléphone

cases à cocher

Paiement par virement bancaire : ☑

Paiement par imputation* : ☐

* (joindre l'imprimé n°3516 disponible sur www.impots.gouv.fr ou auprès de votre service des impôts)

RÉSERVÉ À L'ADMINISTRATION

Somme : Date :

N° PEC

N° d'opération

• Si vous payez par **chèque** : utilisez un chèque barré ; l'établir impérativement à l'ordre du TRÉSOR PUBLIC.

**Date de réception**

**Si vous êtes en droit de moduler le montant attendu, remplissez la déclaration de suspension ou de modulation figurant au dos.**

N 3514 – IMPRIMERIE NATIONALE 2014 01 46881 PC – Mars 2014 – 128 700

MINISTÈRE DE L'ÉCONOMIE ET DES FINANCES

**N° 3514** **EXEMPLAIRE À RENVOYER**

Les dispositions des articles 39 et 40 de la loi n° 78-17 du 6 janvier 1978 relative à l'informatique, aux fichiers et aux libertés, modifiée par la loi n°2004-801 du 6 août 2004, garantissent les droits des personnes physiques à l'égard des traitements des données à caractère personnel.

## DÉCLARATION D'AVIS D'ACOMPTE DE TVA

| | | |
|---|---|---|
| **1 – JE SOUHAITE M'ACQUITTER DU MONTANT DE L'ACOMPTE ATTENDU, LE MODULER OU LE SUSPENDRE ET IMPUTER LE CAS ECHEANT UN EVENTUEL CREDIT DE TVA** | | |
| 01 | Indiquer le montant de l'acompte attendu ou modulé ................ | 1200 |
| 02 | Montant du crédit ou de l'excédent de TVA, figurant sur la précédente déclaration CA12/CA12E, et à déduire éventuellement du montant de l'acompte attendu ou modulé ................ | |
| 03 | Montant total de la TVA à payer à la place de l'acompte de TVA (ligne 01 - ligne 02) ................ | |
| 04 | Je demande la suspension du ou des acomptes restant à courir ................ | ☐ *(case à cocher)* |

| | | |
|---|---|---|
| **2 – JE SOUHAITE BENEFICIER D'UN REMBOURSEMENT DE CREDIT DE TVA SUR INVESTISSEMENTS** | | |
| 05 | Montant de la TVA collectée au titre du trimestre ................ | |
| 06 | Montant de la TVA déductible au titre du trimestre ................ | |
| 07 | Crédit de TVA dégagé au titre du trimestre (ligne 02 – ligne 01) ................ | |
| 08 | Remboursement de la TVA **sur investissements.** (indiquez le montant du remboursement qui est sollicité dans les conditions habituelles sur le formulaire n° 3519). Ce montant doit être supérieur à 760 euros. **Mon acompte attendu au titre du trimestre est égal à 0** ................ | |

## NOTICE

| | |
|---|---|
| **A. J'estime que la taxe qui sera finalement due sur ma prochaine déclaration annuelle de TVA CA12 sera <u>supérieure</u> d'au moins 10 %** à celle qui a servi de base aux acomptes (montant calculé en ligne 57 de ma dernière déclaration annuelle de régularisation CA12). **Je module donc à la <u>hausse</u> le montant de l'acompte attendu que je porte sur la :** ................ | **ligne 01** |

| | |
|---|---|
| **B. Je souhaite imputer le crédit de TVA dégagé sur ma précédente déclaration sur le montant de l'acompte attendu** : | |
| **1. j'indique le montant de l'acompte attendu (ou modulé selon les modalités décrites au point C) sur la :** ...... | **ligne 01** |
| **2. puis, j'indique le montant du crédit de TVA disponible sur la :** ................ | **ligne 02** |
| **3. enfin, je m'acquitte de la différence entre le montant de l'acompte attendu et le crédit de TVA disponible. Ce montant est reporté sur la :** ................ (Si le crédit imputable excède le montant de l'acompte, le montant sera porté à « 0 », j'impute le reliquat sur le prochain acompte) | **ligne 03** |

| | |
|---|---|
| **C. Je souhaite moduler à la <u>baisse</u> l'acompte attendu car** <u>la taxe due</u> à raison des opérations réalisées au cours de ce trimestre, après imputation de la taxe déductible au titre des immobilisations, <u>est inférieure d'au moins 10 % au montant de l'acompte qui m'est réclamé.</u> **J'indique le montant de l'acompte modulé sur la :** .......... (Le montant de l'acompte de TVA à payer est reporté sur la ligne 03) | **ligne 01** |

| | |
|---|---|
| **D. Compte tenu des acomptes déjà versés,** **– j'estime que j'ai acquitté la TVA due au titre de l'exercice en cours en totalité, je souhaite donc suspendre l'acompte restant à courir. J'indique « 0 » sur la :** ................ **Puis je coche la case « demande de suspension du ou des acomptes restant à courir »** ................ (Le montant de l'acompte de TVA à payer est porté à « 0 » sur la ligne 03) | **ligne 01** **ligne 04** |
| **– je me serai acquitté de la totalité de la TVA due au titre de l'exercice en cours après avoir diminué le présent acompte. J'indique le montant minoré sur la :** ................ **Puis je coche la case « demande de suspension du ou des acomptes restant à courir »** ................ (Le montant de l'acompte de TVA à payer est reporté sur la ligne 03) | **ligne 01** **ligne 04** |

| | |
|---|---|
| **E Je suis en <u>situation créditrice</u>** (montant de la TVA déductible sur immobilisations supérieur à la différence entre la TVA collectée et la TVA déductible sur les achats de biens et services autres qu'immobilisations) : **1. j'indique le montant de la TVA collectée et de la TVA déductible au titre du trimestre concerné sur les :** ..... **2. j'indique le montant du remboursement de la TVA sur immobilisations demandé sur la :** ................ (En cas de remboursement de TVA sur immobilisations, mon acompte à payer est égal à 0) | **lignes 05 et 06** **ligne 08** |

**Imprimé 3514 « Avis d'acompte – Régime simplifié » pour le deuxième acompte 2023** ***(question 20)***

Liberté • Égalité • Fraternité
RÉPUBLIQUE FRANÇAISE

DIRECTION GÉNÉRALE DES FINANCES PUBLIQUES

N° 3514

cerfa

N° 11744 * 09

**TAXE SUR LA VALEUR AJOUTÉE (ET TAXES ASSIMILÉES)**

Enregistrer sous...

**RÉGIME SIMPLIFIÉ**

**AVIS D'ACOMPTE**

Jours et heures de réception

Adresse du service où cet avis d'acompte doit être déposé **au plus tard le** → SIE de NICE

Tout retard, défaut de paiement ou minoration indue entraîne l'application d'une majoration de 5 % du montant de l'acompte (art. 1731.1 du CGI)

Identification du destinataire → EIRL Prim'Bio

Adresse de l'établissement (quand celle-ci est différente de l'adresse du destinataire)

*Rayer les indications imprimées par ordinateur qui ne correspondent plus à la situation exacte de l'entreprise,* ***rectifiez-les en rouge.***

| SIE | Numéro de dossier | Clé | CDI | Code Service | Régime |
|---|---|---|---|---|---|
| | | | | | |

Numéro de TVA intracommunautaire

N° d'identification de l'établissement (SIRET)

*La charte du contribuable : des relations entre l'administration fiscale et le contribuable basées sur les principes de simplicité, de respect et d'équité. Disponible sur www.impots.gouv.fr et auprès de votre service des impôts.*

**ACOMPTE DU :** 30/11/2023 **EXIGIBLE LE :** 19/12/2023

**MONTANT À PAYER :** 1682 €

**Si l'acompte que vous souhaitez payer est égal au montant indiqué, vous n'avez pas besoin de renseigner les cadres figurant au verso du formulaire. Vous pouvez directement dater et signer votre avis d'acompte.**

***Vous n'avez pas d'acompte de TVA à payer pendant l'exercice en cours lorsque le montant de la TVA due pour l'exercice précédent, avant déduction de la TVA relative aux immobilisations (ligne 57 de la déclaration CA12/CA12E), est inférieur à 1 000 €. Dans ce cas, renvoyez l'avis complété de la mention « Dispense de paiement ».***

**CADRE RÉSERVÉ À LA CORRESPONDANCE**

2014 C1 49881 PO – Mars 2014 – 135 799

**PAIEMENT, DATE, SIGNATURE**

*Date :* 19/12/2023 Signature :

Téléphone :

case à cocher

Paiement par virement bancaire : ☑

Paiement par imputation* : ☐

* (joindre l'imprimé n°3516 disponible sur www.impots.gouv.fr ou auprès de votre service des impôts)

**RÉSERVÉ À L'ADMINISTRATION**

**Somme :** **Date :**

N° PEC

N° d'opération

• Si vous payez par **chèque** : utilisez un chèque barré ; l'établir impérativement à l'ordre du TRÉSOR PUBLIC.

**Date de réception**

**Si vous êtes en droit de moduler le montant attendu, remplissez la déclaration de suspension ou de modulation figurant au dos.**

N° 3514 – IMPRIMERIE NATIONALE

MINISTÈRE DE L'ÉCONOMIE ET DES FINANCES

**N° 3514** EXEMPLAIRE À RENVOYER

Les dispositions des articles 39 et 40 de la loi n° 78-17 du 6 janvier 1978 relative à l'informatique, aux fichiers et aux libertés, modifiée par la loi n°2004-801 du 6 août 2004, garantissent les droits des personnes physiques à l'égard des traitements des données à caractère personnel.

## DÉCLARATION D'AVIS D'ACOMPTE DE TVA

| 1 – JE SOUHAITE M'ACQUITTER DU MONTANT DE L'ACOMPTE ATTENDU, LE MODULER OU LE SUSPENDRE ET IMPUTER LE CAS ECHEANT UN EVENTUEL CREDIT DE TVA | | |
|---|---|---|
| 01 | Indiquer le montant de l'acompte attendu ou modulé | |
| 02 | Montant du crédit ou de l'excédent de TVA, figurant sur la précédente déclaration CA12/CA12E, et à déduire éventuellement du montant de l'acompte attendu ou modulé | |
| 03 | Montant total de la TVA à payer à la place de l'acompte de TVA (ligne 01 - ligne 02) | |
| 04 | Je demande la suspension du ou des acomptes restant à courir | ☐ *(case à cocher)* |

| 2 – JE SOUHAITE BENEFICIER D'UN REMBOURSEMENT DE CREDIT DE TVA SUR INVESTISSEMENTS | | |
|---|---|---|
| 05 | Montant de la TVA collectée au titre du trimestre | |
| 06 | Montant de la TVA déductible au titre du trimestre | |
| 07 | Crédit de TVA dégagé au titre du trimestre (ligne 02 – ligne 01) | |
| 08 | Remboursement de la TVA **sur investissements**. (indiquez le montant du remboursement qui est sollicité dans les conditions habituelles sur le formulaire n° 3519). Ce montant doit être supérieur à 760 euros. **Mon acompte attendu au titre du trimestre est égal à 0** | |

## NOTICE

| | |
|---|---|
| A. **J'estime que la taxe qui sera finalement due sur ma prochaine déclaration annuelle de TVA CA12 sera supérieure d'au moins 10 %** à celle qui a servi de base aux acomptes (montant calculé en ligne 57 de ma dernière déclaration annuelle de régularisation CA12). **Je module donc à la hausse le montant de l'acompte attendu que je porte sur la :** | ligne 01 |

| | |
|---|---|
| B. **Je souhaite imputer le crédit de TVA dégagé sur ma précédente déclaration sur le montant de l'acompte attendu :** | |
| 1. **j'indique le montant de l'acompte attendu (ou modulé selon les modalités décrites au point C) sur la :** | ligne 01 |
| 2. **puis, j'indique le montant du crédit de TVA disponible sur la :** | ligne 02 |
| 3. **enfin, je m'acquitte de la différence entre le montant de l'acompte attendu et le crédit de TVA disponible. Ce montant est reporté sur la :** (Si le crédit imputable excède le montant de l'acompte, le montant sera porté à « 0 », j'impute le reliquat sur le prochain acompte) | ligne 03 |

| | |
|---|---|
| C. **Je souhaite moduler à la baisse** l'acompte attendu car la taxe due à raison des opérations réalisées au cours de ce trimestre, après imputation de la taxe déductible au titre des immobilisations, est inférieure d'au moins 10 % au montant de l'acompte qui m'est réclamé. **J'indique le montant de l'acompte modulé sur la :** (Le montant de l'acompte de TVA à payer est reporté sur la ligne 03) | ligne 01 |

| | |
|---|---|
| **D. Compte tenu des acomptes déjà versés,** – **j'estime que j'ai acquitté la TVA due au titre de l'exercice en cours en totalité, je souhaite donc suspendre l'acompte restant à courir. J'indique « 0 » sur la :** **Puis je coche la case « demande de suspension du ou des acomptes restant à courir »** (Le montant de l'acompte de TVA à payer est porté à « 0 » sur la ligne 03) | ligne 01<br>ligne 04 |
| – **je me serai acquitté de la totalité de la TVA due au titre de l'exercice en cours après avoir diminué le présent acompte. J'indique le montant minoré sur la :** **Puis je coche la case « demande de suspension du ou des acomptes restant à courir »** (Le montant de l'acompte de TVA à payer est reporté sur la ligne 03) | ligne 01<br>ligne 04 |

| | |
|---|---|
| **E Je suis en situation créditrice** (montant de la TVA déductible sur immobilisations supérieur à la différence entre la TVA collectée et la TVA déductible sur les achats de biens et services autres qu'immobilisations) : 1. **j'indique le montant de la TVA collectée et de la TVA déductible au titre du trimestre concerné sur les :** 2. **j'indique le montant du remboursement de la TVA sur immobilisations demandé sur la :** (En cas de remboursement de TVA sur immobilisations, mon acompte à payer est égal à 0) | lignes 05 et 06<br>ligne 08 |

# Corrigé de l'application

## Application — La SARL Micro+ (p. 81)

**1. Justifier les sommes mentionnées sur chacune des lignes des cadres I, II et III de l'imprimé CA12 généré par le PGI.**

| | | |
|---|---|---|
| **I – TVA BRUTE** | | |
| | OPERATIONS NON IMPOSABLES | |
| 04 | Livraisons intracommunautaires | Solde du compte 7072020 de vente de matériel informatique en UE |
| | OPERATIONS IMPOSABLES | |
| 5A | Taux normal 20 % | Base HT : solde des comptes 7071020 et 7061020 (ventes de biens et de services en France soumis à 20 %, soit 471 903,40 + 98 641,10 = 570 544,50 arrondi à 570 545 €)<br>Taxe due : solde du compte 4457120 : 114 108,90 arrondi à 114 109 €<br>Ou : Base imposable × Taux de TVA :<br>570 545 × 0,20 = 114 109 € |
| 06 | Taux réduit 5,5 % | Base HT : solde du compte 7071055 (ventes de livres)<br>Taxe due : solde du compte 4457155 |
| 11 | Cessions d'immobilisations | Base HT : prix de cession des immobilisations : solde du compte 7752000<br>Taxe due : solde du compte 4457920 |
| 14 | Acquisitions intracommunautaires | Base HT : solde du compte 6072020 (acquisitions de biens en UE), autoliquidation de TVA<br>Taxe due : solde du compte 4452020 |
| 16 | Total de la taxe due | Total de la TVA collectée |
| 19 | Total de la TVA brute due | Total de la TVA collectée (car aucun élément rajouté) |
| **II – TVA DÉDUCTIBLE** | | |
| | AUTRES BIENS ET SERVICES | |
| 20 | Déductions sur factures | Taxe déductible : solde des comptes 4456610 et 4456620 |
| | IMMOBILISATIONS | |
| 23 | TVA déductible sur immobilisations | Taxe déductible : solde du compte 4456210 |
| | AUTRE TVA A DEDUIRE | |
| 26 | Total de la TVA déductible | Total TVA déductible sur ABS et sur immobilisations |
| **III – TVA NETTE** | | |
| | RESULTAT DE LA LIQUIDATION | |
| 28 | TVA due | Taxe : correspond à la différence entre la TVA brute (collectée) et le total de la TVA déductible :<br>124 140 – 116 257 = 7 883 €.<br>Il y a TVA due, car TVA collectée > TVA déductible. |

| | | |
|---|---|---|
| | **IMPUTATIONS/REGULARISATIONS** | |
| 30 | Acomptes payés et/ou restants dus | Taxe : solde du compte 4458100 avec mention du détail du montant de chacun des deux acomptes versés pendant l'exercice : 5 214 + 3 792 = 9 006 € |
| | **RESULTAT NET** | |
| 34 | Excédent de versement | Taxe : correspond à la différence entre la TVA due et le total des acomptes versés pendant l'exercice.<br>Si TVA due < Total des acomptes versés, alors la ligne 34 indique le solde excédentaire de versement.<br>7 883 < 9 006 d'où un excédent de versement de 1 123 € |

**2. Enregistrer l'écriture liée à l'imprimé CA12 pour l'exercice N en tenant compte de la demande effectuée par l'entreprise au cadre VI.**

| Journal | Date | Compte | Libellé | Débit | Crédit |
|---|---|---|---|---|---|
| OD | 31/12/N | 4457155 | Déclaration CA12 de N | 1 101,44 | |
| | | 4457120 | | 114 108,90 | |
| | | 4457920 | | 2 480,00 | |
| | | 4452020 | | 6 450,40 | |
| | | 4456610 | | | 105 490,57 |
| | | 4456620 | | | 6 450,40 |
| | | 4456210 | | | 4 316,00 |
| | | 4458100 | | | 9 006,00 |
| | | 4458300 | | 1 123,00 | |
| | | 7580000 | | | 0,77 |

**3. Présenter l'échéancier relatif à la TVA pour l'exercice N+1 en précisant les dates limites de versement compte tenu de la structure juridique et de la localisation de la société Micro+.**

La société Micro+ est une SARL installée à Roubaix, la date limite de versement est donc fixée au 21 du mois concerné.

| Dates | Opérations |
|---|---|
| 2e jour ouvré suivant le 01/05/N+1, soit le 03/05/N+1 | Déclaration CA12 de N ⇒ calcul de la TVA due de N : excédent de versement de 1 123 € dont le remboursement est demandé.<br>Calcul du montant des acomptes semestriels de N+1 : la base de calcul des acomptes figure sur la déclaration CA12, ligne 57.<br>Premier acompte semestriel : 9 719 × 55 % = 5 345 €<br>Second acompte semestriel : 9 719 × 40 % = 3 888 € |
| Juillet N+1<br>Soit le 21/07/N+1 | Versement du premier acompte de 55 % : 5 345 € |
| Décembre N+1<br>Soit le 21/12/N+1 | Versement du second acompte de 40 % : 3 888 € |

**4. À l'aide de l'annexe 1, vérifier si la SARL a la possibilité de réduire chacun des acomptes de TVA à verser en N+1 afin d'optimiser sa trésorerie.**

**• TVA réellement due au titre du premier semestre N+1**

| | Comptes | Montant TVA | |
|---|---|---|---|
| TVA collectée | 4457120 | 58 948,87 | 58 949 |
| | 4457155 | 615,84 | 616 |
| | 4452020 | 3 564,10 | 3 564 |
| **Total TVA collectée** | | 63 128,81 | **63 129** |
| TVA déductible | 4456610 | 54 112,88 | 54 113 |
| | 4456620 | 3 564,10 | 3 564 |
| **Total TVA déductible** | | 57 676,98 | **57 677** |
| | 4456210 | 680,00 | 680 |
| | | 58 356,98 | **58 357** |
| **TVA due** | | 4 771,83 | **4 772** |

Montant du premier acompte prévisionnel : 5 345 €

Le montant de la TVA réellement due (4 772 €) est inférieur de plus de 10 % au montant de l'acompte fixe : 5 345 – (5 345 × 10 %) = 4 810,50 €. L'entreprise peut donc moduler son acompte à la baisse et ne verser que le montant de la TVA réellement due, soit 4 772 €.

En revanche, le montant de la TVA déductible sur immobilisations est inférieur à 760 €. L'entreprise ne pourra donc pas en demander le remboursement.

**• TVA réellement due au titre du second semestre N+1**

| | Comptes | Montant TVA | |
|---|---|---|---|
| TVA collectée | 4457120 | 54 124,05 | 54 124 |
| | 4457155 | 681,41 | 681 |
| | 4452020 | 2 970,00 | 2 970 |
| **Total TVA collectée** | | 57 775,46 | **57 775** |
| TVA déductible | 4456610 | 48 974,20 | 48 974 |
| | 4456620 | 2 970,00 | 2 970 |
| **Total TVA déductible** | | 51 944,20 | **51 944** |
| | 4456210 | 0,00 | 0 |
| | | 51 944,20 | **51 944** |
| **TVA due** | | 5 831,26 | **5 831** |

Montant du second acompte prévisionnel : 3 888 €

Le montant de la TVA réellement due (5 831 €) est supérieur au montant de l'acompte fixe. L'entreprise ne peut donc pas moduler son acompte à la baisse et versera le montant de l'acompte, soit 3 888 €.

# Chapitre 5 — Synthèse

## I. Le régime de la franchise de TVA

La franchise en base de TVA s'applique aux entreprises individuelles dont le **chiffre d'affaires HT** de **l'année précédente** est inférieur aux seuils suivants :

– CA HT ≤ **85 800 € pour les ventes de biens** ;

– CA HT ≤ **34 400 € pour les prestations de services.**

Elle permet à ces entreprises d'être dispensées de toute déclaration et de tout paiement de TVA.

• Ces entreprises **ne peuvent pas** :
– mentionner la TVA sur leurs factures de vente ;
– déduire la TVA sur leurs achats.

• Elles **doivent** indiquer sur leurs factures de vente la mention : « TVA non applicable, article 293 B du Code général des impôts ».

## II. Le régime du réel simplifié d'imposition (RSI)

Dans les deux régimes réels d'imposition (réel normal ou réel simplifié), le montant de la TVA due au titre d'un exercice est identique, mais le régime réel simplifié d'imposition se caractérise par :
– l'**absence de déclaration** à souscrire **en cours d'année** ;
– la détermination de la **TVA due au titre de l'exercice** N écoulé (**déclaration CA12**).

Le RSI s'applique aux entreprises qui respectent deux conditions :

– le **chiffre d'affaires HT** de **l'année précédente** doit être compris entre :

- **85 800 € < CA HT ≤ 818 000 € pour les ventes de biens ;**
- **34 400 € < CA HT ≤ 247 000 € pour les prestations de services.**

– le montant de la **TVA exigible de N–1 < 15 000 €**.

• **La déclaration CA 12**

La déclaration CA12, établie au plus tard le 2e jour ouvré suivant le 01/05/N+1, fait apparaître les éléments suivants :

| |
|---|
| TVA collectée au cours de l'exercice N |
| – TVA déductible sur autres biens et services de l'exercice N |
| – TVA déductible sur immobilisations de l'exercice N |
| = TVA due ou crédit de TVA |
| – Acomptes versés au cours de l'exercice N |
| = Solde à payer si TVA due > Total des acomptes |
| Ou = Excédent de versement si TVA due < Total des acomptes |
| ⇒ Remboursement immédiat |
| Ou = Solde excédentaire si crédit de TVA |
| ⇒ Remboursement si crédit ≥ 150 € ou report sur les acomptes de TVA à venir |

**• Le versement spontané de deux acomptes semestriels**

Deux acomptes spontanés sont versés au cours de l'exercice et s'imputeront sur la TVA due de l'année.

| Période | Montant de l'acompte | Date de versement |
|---|---|---|
| 1er semestre N | 55 % de la base de l'année N–1 :<br>55 % (TVA collectée de N–1 – TVA déductible sur ABS de N–1) | Entre le 15<br>et le 24/07/N |
| 2d semestre N | 40 % de la base de l'année N–1 :<br>40 % (TVA collectée de N–1 – TVA déductible sur ABS de N–1) | Entre le 15<br>et le 24/12/N |

**• La réduction des acomptes**

Le contribuable peut moduler à la baisse le montant de ses acomptes pour éviter un excédent de versement :

– il peut diminuer le montant de l'acompte si le montant de la TVA réellement due au titre du semestre est inférieur d'au moins 10 % au montant de l'acompte correspondant ;

– il peut demander le remboursement de la TVA déductible sur immobilisations du semestre si son montant est supérieur à 760 € sans être dispensé de verser le montant de l'acompte semestriel.

# Chapitre 6

# L'impôt sur les revenus de l'entreprise : champ d'application

## Positionnement du chapitre dans le référentiel

| | |
|---|---|
| **Activité** | 3.3. Traitement des opérations relatives aux impôts directs |
| **Composante d'activité** | 3.3.1. Caractérisation de la situation fiscale de l'entreprise |
| **Savoirs associés** | – Champ d'application des impôts sur les résultats des entreprises (BIC et IS)<br>– Obligations comptables et fiscales communes et spécifiques à chaque régime fiscal<br>– Assiette fiscale |
| **Compétence** | Définir le champ d'application de l'impôt sur le revenu de l'entreprise |
| **Liens P7** | – La conduite de veille régulière et documentée à l'aide des outils numériques<br>– La mise en œuvre des conditions de la traçabilité des documents et des mises à jour |
| **Vers Pix** | 1.1. Mener une recherche et une veille d'information<br>1.3. Traiter des données |

## Travail à faire (p. 86)

### I. Le champ d'application des BIC

**1. Identifier les éléments caractéristiques de l'entreprise.**

**– Sa forme juridique depuis le 1er janvier 2019**

Depuis le 1er janvier 2019, la forme juridique de WindWin est l'entreprise individuelle à responsabilité limitée (EIRL).

**– Son activité**

À l'origine, son activité est la fabrication et l'entretien de planches de surf. L'EIRL WindWin se diversifie ensuite en commercialisant, à compter de 2019, des accessoires liés à la pratique du surf.
Son activité est donc à la fois industrielle et commerciale, et relève de la vente de biens et de la prestation de services.

**– Son siège social**

Il se situe à Fos-sur-Mer, dans le département des Bouches-du-Rhône.

**2. Justifier le choix de la forme juridique d'entreprise retenue par M. Tardieu à compter du 1er janvier 2019. Si M. Tardieu devait créer son entreprise en 2022, quelle forme juridique choisirait-il ?**

M. Tardieu a créé son entreprise sous la forme juridique de l'entreprise individuelle. En 2019, il a choisi de la faire évoluer en EIRL afin de protéger son patrimoine personnel des créanciers de l'entreprise en affectant à son activité professionnelle un patrimoine dont il a défini la nature et la valeur des biens. Ainsi, les créanciers professionnels de l'entrepreneur individuel ne peuvent poursuivre que le patrimoine affecté. La résidence principale de l'entrepreneur individuel est insaisissable sauf en cas de manquements graves aux obligations fiscales, sociales ou comptables (fraudes, déclarations non effectuées…).

Cette structure peut aussi permettre à l'exploitant d'opter pour une imposition à l'IS des revenus tirés de l'activité de l'entreprise.

Si M. Tardieu avait créé son entreprise en 2022, il aurait pu choisir le nouveau statut unique de l'entrepreneur individuel. Ce statut bénéficie d'importantes mesures de simplification permettant de protéger le patrimoine personnel de l'exploitant et une possibilité d'opter pour l'IS.

**3. À quel impôt direct les bénéfices réalisés dans le cadre de cette activité seront-ils soumis ? Justifier le fait que ces bénéfices relèvent du champ d'application des BIC.**

Les bénéfices réalisés dans le cadre de cette activité seront soumis à l'IR dans la catégorie des BIC dont M. Tardieu sera redevable.

M. Tardieu a son domicile fiscal en France et exerce en France une activité à la fois industrielle et commerciale à titre individuel, de façon habituelle et à but lucratif. Cette activité remplit les conditions pour être imposable par nature aux BIC.

**4. Quel est l'autre revenu catégoriel à intégrer dans le revenu global imposable du foyer fiscal de M. Tardieu ?**

Mme Tardieu participe à l'activité de l'entreprise WindWin depuis 2019, avec le statut de salarié. Son revenu est à intégrer dans le revenu global imposable du foyer fiscal (M. et Mme Tardieu) dans la catégorie des traitements et salaires (TS) avec les BIC.

**5. Qui sera redevable de l'impôt calculé sur ce revenu global ?**

Le revenu global sera soumis au barème progressif de l'IR et c'est le foyer fiscal des époux Tardieu qui en sera redevable.

## II. Les régimes d'imposition

**6. Pourquoi l'entreprise soumise au régime du réel simplifié depuis le 1/1/2019, relève-t-elle, en 2022, du régime du réel normal ?**

L'entreprise individuelle créée le 1er janvier 2017 sous le régime de la microentreprise a souhaité appliquer le régime du réel simplifié au 1/1/2019 au vu de l'évolution prévisible de son chiffre d'affaires (dépassement du seuil et des perspectives importantes de développement).

Pour déterminer le régime applicable en 2022, il faut vérifier le chiffre d'affaires 2021.

M. Tardieu exerce une activité mixte : à la fois la vente de biens et la prestation de services.

Dans la mesure où le chiffre d'affaires global de 2021, soit 974 500 €, dépasse la limite du réel simplifié, soit 818 000 €, l'entreprise relève du régime du réel normal dès l'année suivante, soit en 2022.

**7. Préciser les conséquences comptables et fiscales du passage du régime de microentrepreneur à un régime réel.**

Le passage du régime de microentrepreneur à un régime réel (simplifié ou normal) n'a pas d'impact sur la nature de l'impôt direct dû au titre des revenus dégagés par l'activité de l'entreprise : l'activité reste soumise à l'impôt sur le revenu dans la catégorie des BIC, dont l'exploitant est redevable.

**Les conséquences comptables** : le passage à un régime réel implique la tenue d'une comptabilité régulière, sincère et appuyée de pièces justificatives (d'où l'appel aux services d'un expert-comptable dès 2019 pour l'entreprise WindWin).

**Les conséquences fiscales** : l'entreprise doit déterminer, à partir du résultat comptable, son résultat fiscal qui servira de base au calcul de l'impôt. L'entreprise devra déclarer son résultat de l'exercice N au plus tard le 2$^{e}$ jour ouvré qui suit le 1$^{er}$ mai N+1 plus 15 jours calendaires pour les entreprises qui réalisent le dépôt des résultats en mode EDI, ce qui est le cas quand un cabinet d'expertise a en charge la transmission des résultats à l'administration (cabinet ExpertPlus) soit le 19 mai N+1 (si N+1 = 2023).

*Remarque :* dans le cadre d'un régime microentrepreneur (micro-BIC) où le résultat imposable est déterminé selon un abattement forfaire déduit du chiffre d'affaires, les déficits sont impossibles.

## III. La détermination du résultat fiscal

**8. Déterminer le résultat fiscal imposable à l'IR dans la catégorie des BIC pour l'exercice comptable 2022.**

**Tableau de détermination du résultat fiscal pour l'exercice 2022**

| Éléments | Déductions | Réintégrations |
|---|---|---|
| Bénéfice comptable | | 51 302 |
| Charges non déductibles | | 45 796 |
| Produits non imposables | 6 014 | |
| **Totaux** | **6 014** | **97 098** |
| **Résultat fiscal : bénéfice imposable** | **91 084** | |

**9. Quelle sera la date limite de déclaration de ce résultat ?**

La date limite de déclaration du résultat de l'exercice 2022 sera le 2$^{e}$ jour ouvré qui suit le 1$^{er}$ mai 2023 plus 15 jours calendaires, soit le 19 mai 2023 (car le 18 mai est un jour férié).

**10. Préciser les documents à fournir pour cette déclaration.**

L'entreprise WindWin devra fournir la liasse fiscale : imprimés n$^{os}$ 2050 à 2059-G, ainsi que la déclaration des résultats n$^{o}$ 2031. Le revenu imposable dans la catégorie des BIC sera à reporter sur la déclaration des revenus 2042-C-PRO.

## IV. L'évolution de la forme juridique

**11. Citer les formes juridiques possibles si M. Tardieu s'associe avec M. Ruiz.**

Si M. Tardieu s'associe avec M. Ruiz, il aura essentiellement le choix entre les formes juridiques suivantes : la SARL et la SAS (transformation d'une EIRL en société avec deux associés).

**12. Présenter et justifier les conséquences de ce changement juridique sur l'imposition des résultats de l'entreprise WindWin.**

L'impôt sur les sociétés (IS) sera applicable de plein droit au résultat fiscal de la SARL ou de la SAS.

C'est la société qui sera redevable de l'IS puisqu'elle a la personnalité juridique et fiscale. C'est elle qui calculera l'IS au taux de 25 % (et/ou 15 % sous certaines conditions liées au montant du résultat fiscal).

L'IS sera comptabilisé en charge (compte 695) et le compte de résultat fera ainsi apparaître un résultat net d'impôt.

**13. Vérifier les taux de l'impôt sur les sociétés sur le site www.service-public.fr.**

*Cette activité est à faire réaliser par l'élève,* via *Internet.*

## V. La réalisation d'une veille informationnelle

P7 **14. Vérifier si les sites Internet des organismes publics et privés qui sont mentionnés proposent de souscrire à des flux RSS.**

La plupart du temps, ce flux est indiqué par une petite icône, généralement sur fond orange : . Il existe d'autres symboles visuels similaires.

L'ensemble des sites proposés en *Fiche ressource 5* propose la souscription aux flux RSS.

P7 **15. Citer l'outil permettant de recevoir en temps réel les informations de toutes les sources souscrites en flux RSS, en un seul endroit. En donner un exemple.**

Un webmaster peut décider, par un outil approprié, d'importer le contenu du flux RSS sur sa propre page Web, et plus largement n'importe qui peut, par une manipulation similaire, recevoir dans sa boîte e-mail ou *via* un logiciel dédié les dernières mises à jour d'un site proposant la diffusion de son contenu « en RSS ».

Les « lecteurs RSS » ou « agrégateurs de news » permettent de s'abonner à des flux RSS (ex. : comme pour les groupes de discussion ou une page sur un réseau social), pour les afficher ensuite en un seul endroit de manière agrégée dans une interface personnalisable.

Certains éditeurs proposent des applications pour lire et gérer les flux RSS sur smartphones et tablettes iOS et/ou Android (comme Feedly et NewsBlur).

Quelques exemples d'outils : Firefox, Netvibes, Internet Explorer 10, Chrome RSS, Reeder 2…

# Corrigé des applications

## Application 1 — Détermination d'un régime d'imposition (p. 96)

**• Déterminer le régime d'imposition applicable à chacune de ces entreprises pour l'exercice 2022 en considérant que le chiffre d'affaires 2020 était sensiblement identique à celui de 2021.**

– **Saveur d'été :** entreprise individuelle, ventes de biens. CA = 53 400 € (< 176 200 €).

⇒ Régime fiscal applicable de plein droit : imposable à l'IR dans la catégorie des BIC dans le cadre du régime du microentrepreneur (micro-BIC).

– **Garage de Provence :** SARL, ventes de biens et prestations de services. CA total = 650 000 + 210 000 = 860 000 € (> 818 000 €).

⇒ Régime fiscal applicable de plein droit : imposable à l'IS dans le cadre du régime du réel normal.

– **Micro Info :** SA, ventes de biens et prestations de services. CA total = 320 000 + 195 000 = 515 000 € (< 818 000 €), et CA des prestations de services = 195 000 € (< 247 000 €).

⇒ Régime fiscal applicable de plein droit : imposable à l'IS dans le cadre du régime du réel simplifié.

– **Fleur de cuir :** SAS, vente de biens. CA = 78 000 € (< 818 000 €).

⇒ Régime fiscal applicable de plein droit : imposable à l'IS dans le cadre du régime du réel simplifié (régime micro réservé aux entreprises individuelles).

– **SOS Plomberie :** EIRL, ventes de biens et prestations de services. CA total = 380 000 + 310 000 = 690 000 € inférieur à 818 000 € et supérieur à 176 200 €, mais CA des prestations de services = 310 000 € (> 247 000 €).

⇒ Régime fiscal applicable de plein droit : imposable à l'IR dans la catégorie des BIC dans le cadre du régime du réel normal.

## Application 2 — Principe général de détermination d'un résultat fiscal (p. 96)

**1. Calculer le résultat fiscal de chacune des entreprises.**

| **Résultat fiscal SA Pierre** | | |
|---|---|---|
| **Élément** | **Déductions** | **Réintégrations** |
| Bénéfice comptable | | 25 000 |
| Charges non déductibles | | 12 000 |
| Produits non imposables | 6 000 | |
| **Totaux** | **6 000** | **37 000** |
| Résultat fiscal : **bénéfice** | **31 000** | |

| Résultat fiscal SARL Henri | | |
|---|---|---|
| **Élément** | **Déductions** | **Réintégrations** |
| Perte comptable | 180 000 | |
| Charges non déductibles | | 68 000 |
| Produits non imposables | 44 000 | |
| **Totaux** | **224 000** | **68 000** |
| Résultat fiscal : **déficit** | **156 000** | |

| Résultat fiscal EIRL Robert | | |
|---|---|---|
| **Élément** | **Déductions** | **Réintégrations** |
| Bénéfice comptable | | 18 000 |
| Charges non déductibles | | 5 300 |
| Produits non imposables | 34 000 | |
| **Totaux** | **34 000** | **23 300** |
| Résultat fiscal : **déficit** | **10 700** | |

| Résultat fiscal SAS Louis | | |
|---|---|---|
| **Élément** | **Déductions** | **Réintégrations** |
| Perte comptable | 21 000 | |
| Charges non déductibles | | 45 000 |
| Produits non imposables | 6 800 | |
| **Totaux** | **27 800** | **45 000** |
| Résultat fiscal : **bénéfice** | **17 200** | |

**2. La détermination de ces résultats fiscaux aurait-elle été identique si ces entreprises avaient pu être soumises au régime du microentrepreneur ?**

Seules les entreprises individuelles peuvent être soumises à un régime « micro » (ici EIRL Robert). Les sociétés ne peuvent pas bénéficier du régime micro, elles sont obligatoirement soumises à un régime réel (simplifié ou normal). Donc l'application du régime du microentrepreneur aurait modifié le calcul du résultat fiscal de l'EIRL Robert. Ce dernier aurait été déterminé de manière forfaitaire en appliquant un abattement sur le chiffre d'affaires réalisé.

CA réalisé
– *x* % d'abattement forfaitaire en fonction de l'activité de l'entreprise*
= Bénéfice fiscal

(* Abattement de 71 % commerce, 50 % prestations de services et 34 % pour les activités non commerciales et professions libérales.

## Application 3 — Analyse du régime d'imposition d'une TPE (p. 97)

**1. Quelles sont les démarches nécessaires à la création de cette microentreprise ?**

Pour créer une microentreprise, il convient :

– de créer une entreprise individuelle directement en ligne sur https://www.portail-autoentrepreneur.fr ou https://formalites.gouv.fr

– de s'immatriculer au RCS ou au RM.

Par ailleurs, le numéro Siren doit figurer sur tous les documents commerciaux et factures.

**2. De quel régime d'imposition l'activité de Mme Dumas relèvera-t-elle ?**

Mme Dumas (personne physique) va exercer une activité de « revente de biens après transformation », une activité artisanale qui relève du régime d'imposition à l'IR dans la catégorie des BIC.

**3. Déterminer le montant du résultat fiscal prévisionnel.**

| | |
|---|---|
| CA prévisionnel | 27 000 € |
| – 71 % d'abattement pour les entreprises d'achat-revente | – 19 170 € |
| = Bénéfice fiscal prévisionnel | 7 830 € |

**4. Préciser les obligations comptables et déclaratives propres à ce régime.**

Une entreprise soumise au régime de la microentreprise est tenue aux obligations suivantes :
– tenue quotidienne d'un registre présentant le détail des achats et des ventes ;
– pas de déclaration de résultats ni de comptabilité ;
– déclaration du chiffre d'affaires dans la déclaration d'ensemble des revenus n° 2042 C PRO.
– obligation de conserver toutes les factures ou pièces justificatives relatives aux achats et aux ventes de marchandises ou de prestations de services ainsi que les déclarations de chiffre d'affaires effectuées auprès de l'Urssaf.

**5. Quels sont les avantages du statut de microentrepreneur ?**

Les avantages liés à ce statut consistent principalement en une simplification des démarches administratives et déclaratives :
– inscription au répertoire des métiers sans frais d'immatriculation ;
– régime microsocial simplifié (simplification du règlement des cotisations sociales) ;
– possibilité d'option pour le versement libératoire de l'IR (sous conditions) ;
– pas de tenue d'une comptabilité : simple tenue quotidienne d'un registre des recettes et des achats, donc pas de bilan annuel à présenter ;
– franchise en base de TVA.

## Application 4 — Activités imposables (p. 98)

**1. Indiquer si les activités décrites relèvent du régime d'imposition de l'IR ou de l'IS.**

**2. Préciser, pour celles relevant du régime de l'IR, s'il s'agit de bénéfices industriels ou commerciaux ou d'un autre revenu catégoriel.**

**3. Justifier vos réponses.**

| Activité | IR | IS |
|---|---|---|
| 1 | – Activité artisanale<br>– Entreprise individuelle<br>– BIC | |
| 2 | | SARL |
| 3 | – Activité libérale<br>– BNC | |
| 4 | – Activité agricole<br>– Entreprise individuelle<br>– BA | Option pour l'IS possible si l'EARL a plusieurs associés |
| 5 | | SARL |

| | | |
|---|---|---|
| 6 | – Pour son activité de salarié dans la collectivité locale : traitements et salaires<br>– Pour son activité artisanale à titre individuel : BIC | |
| 7 | Activité artisanale à titre individuel : BIC | |
| 8 | – Activité commerciale<br>– Entreprise individuelle<br>– BIC | |
| 9 | – Activité commerciale<br>– Entreprise individuelle<br>– BIC | |
| 10 | – Activité commerciale<br>– Entreprise individuelle<br>– BIC | |

# Chapitre 6 — Synthèse

## I. L'imposition des résultats : principes généraux

### 1. Les deux régimes d'imposition des bénéfices

• Les bénéfices des entreprises individuelles – entreprise individuelle (EI), entreprise individuelle à responsabilité limitée (EIRL) et entreprise unipersonnelle à responsabilité limitée (EURL) – sont assujettis à l'impôt sur le revenu (IR) dans la catégorie des bénéfices industriels et commerciaux (BIC). Possibilité d'option pour le régime de l'IS.

• Les bénéfices des sociétés commerciales – société anonyme (SA), société anonyme à responsabilité limitée (SARL) et société par actions simplifiée (SAS) – sont assujettis à l'impôt sur les sociétés (IS). Possibilités d'option pour le régime de l'IR

### 2. La composition du revenu global imposable au régime de l'IR

L'assiette de l'IR est constituée par le revenu net global annuel d'un foyer fiscal, qui peut comprendre les principaux revenus suivants :

BIC + Traitements et salaires (TS) + Revenus mobiliers (RM) + Revenus fonciers (RF)
+ Bénéfices non commerciaux (BNC) + Bénéfices agricoles (BA)

## II. Les champs d'application des BIC

### 1. Les personnes imposables

Les BIC sont réalisés par des personnes physiques qui exercent une profession commerciale, industrielle ou artisanale à titre habituel, pour leur propre compte et dans un but lucratif.

### 2. Les activités imposables

On distingue les activités imposables :
– par nature : professions industrielles, commerciales et artisanales ;
– par disposition expresse de la loi : marchands de biens, locations de meublés… ;
– accessoires : les résultats des activités industrielles ou commerciales sont imposables dans la catégorie des BIC si ces activités sont prépondérantes par rapport à des activités accessoires (agricoles ou non commerciales).

### 3. La territorialité

En principe, on retient les bénéfices des exploitations situées en France.

### 4. La périodicité d'imposition

Les résultats d'un exercice comptable sont imposés dans la catégorie des BIC au titre de l'année au cours de laquelle l'exercice comptable est clôturé.

## III. Les principales caractéristiques des différents régimes d'imposition

Le champ d'application d'un régime fiscal dépend :
– de la nature de l'activité exercée (ventes de biens et/ou prestations de services) ;
– du chiffre d'affaires HT réalisé.

<table>
<tr><th rowspan="2"></th><th rowspan="2">Microentreprise<br>(réservé aux entreprises individuelles : EI, EIRL, EURL)</th><th colspan="2">Réel</th></tr>
<tr><th>Simplifié</th><th>Normal</th></tr>
<tr><td>Détermination du résultat fiscal et obligations</td><td>– Bénéfice forfaitaire déterminé par l'Administration en fonction d'un pourcentage du CA.<br>– Pas de comptabilité obligatoire.</td><td colspan="2">Résultat fiscal déterminé par l'entreprise à partir d'un résultat tiré d'une comptabilité régulière et sincère, et corrigé des déductions et réintégrations fiscales.</td></tr>
<tr><td rowspan="2">Déclarations et documents à fournir</td><td rowspan="2">Mention du CA sur la déclaration des revenus n° 2042 C PRO</td><td>Liasse fiscale simplifiée : imprimés n$^{os}$ 2033-A à G</td><td>Liasse fiscale détaillée : imprimés n$^{os}$ 2050 à 2059-G</td></tr>
<tr><td colspan="2">Déclaration des résultats n$^{o}$ 2031 + déclaration des revenus n° 2042 C PRO</td></tr>
</table>

# Chapitre 7

# BIC : le régime fiscal des produits

## Positionnement du chapitre dans le référentiel

| | |
|---|---|
| **Activité** | 3.3. Traitement des opérations relatives aux impôts directs |
| **Composante d'activité** | 3.3.2. Détermination du résultat fiscal (BIC) |
| **Savoirs associés** | – Résultat imposable de l'entreprise<br>– Patrimoine professionnel de l'exploitant individuel<br>– Règles fiscales d'imposition des produits<br>– Réintégrations et déductions extracomptables de nature fiscale |
| **Compétence** | Identifier et évaluer les réintégrations et déductions extracomptables nécessaires pour déterminer le résultat fiscal imposable dans le cas des BIC |
| **Liens P7** | – L'exploitation des données de façon automatisée et reproductible<br>– La traçabilité des opérations |
| **Vers Pix** | 1.3. Traiter des données |

## Travail à faire (p. 100)

### I. L'organisation du travail

**1. En quoi consiste ce travail ? Quel est l'objectif visé ?**

Dans le but de calculer le résultat fiscal imposable, l'analyse fiscale des comptes de produits consiste à déterminer le régime fiscal qui leur est applicable :
– les produits normalement imposables dans la catégorie des BIC ne font l'objet d'aucun retraitement fiscal ;
– les produits imposables dans une autre catégorie ou à un taux particulier (résultat net de cession ou de redevances de brevets…) ou non imposables sont à déduire du résultat fiscal soumis à l'IR dans la catégorie des BIC.

**2. À partir de quel(s) document(s) comptable(s) pouvez-vous réaliser ce travail ?**

Ce travail d'analyse fiscale des comptes peut s'effectuer à partir d'un grand-livre des comptes, d'une balance et/ou de pièces comptables (factures, relevés de banque…).

**3. Quelle information comptable servira de base au calcul du résultat fiscal ?**

C'est le résultat comptable de l'entreprise qui servira de base au calcul du résultat fiscal. Ce résultat figure dans le compte de résultat (solde débiteur = perte ; solde créditeur = bénéfice), dans le bilan ou dans la balance de clôture, dans le compte 120 (bénéfice) ou 129 (perte).

## II. L'analyse des ventes

**4. Quelle écriture comptable a été enregistrée à l'inventaire ? De quel type de régularisation s'agit-il ?**

L'EIRL WindWin a effectué une livraison au client Maurice avant la date d'inventaire, et la facture n'a pas été établie avant la fin de l'exercice comptable. À l'inventaire, afin de prendre en compte cette livraison, l'entreprise a dû enregistrer au crédit du compte 70111 le montant de la vente, et le montant de la TVA en attente au crédit du 44587, par le débit du 4181 Clients facture à établir (*voir* Processus 2).

Il s'agit d'une écriture de régularisation liée à un « produit à recevoir ».

**5. Indiquer la raison pour laquelle l'entreprise a dû enregistrer cette écriture de régularisation en comptabilité. Quel principe comptable a-t-elle respecté ?**

La vente d'un bien doit générer un produit comptable dès sa date de livraison (comptabilité d'engagement). C'est le principe d'indépendance des exercices qui précise qu'il convient de rattacher à chaque exercice les charges et les produits qui le concernent. La livraison de planches de surf au client Maurice a eu lieu avant l'inventaire, l'entreprise a dû constater un produit à recevoir, car la facture n'était pas encore établie au 31 décembre.

**6. Préciser le régime fiscal applicable à cette opération pour la détermination du résultat imposable de l'entreprise.**

Les règles fiscales de rattachement des produits d'exploitation sont calquées sur le principe comptable d'indépendance des exercices comptables. Le produit de la vente a bien été rattaché à l'exercice de livraison du bien, il s'agit donc d'un produit normalement imposable. Aucun retraitement fiscal n'est à effectuer.

## III. Les revenus d'immeubles

**7. Dans quel cas les loyers perçus doivent-ils faire l'objet d'un retraitement en revenus fonciers ?**

Les loyers sont assimilés à des produits générés par des opérations liées à des biens inscrits à l'actif. Cependant, si ces produits de location sont étrangers à l'activité professionnelle de l'entreprise, ils doivent être exclus du résultat fiscal des BIC (comme si les biens n'étaient pas inscrits au bilan de l'entreprise) et être déclarés dans la catégorie des revenus fonciers. Il existe cependant une option qui permet à l'entreprise de ne pas retraiter ces loyers et donc de maintenir leur imposition aux BIC si l'ensemble des revenus des activités non professionnelles ne dépasse pas 5 % (ou 10 %) de l'ensemble des produits de l'exercice.

**8. Analyser et préciser le régime fiscal applicable à cette opération pour la détermination du résultat imposable de l'entreprise.**

L'extrait du compte 75200 nous informe qu'un loyer annuel de 6 000 € a été enregistré sans lien avec l'activité de l'entreprise (location d'un logement). Il devrait donc être exclu (déduit) du résultat fiscal soumis aux BIC. Cependant, son montant reste inférieur à 5 % de l'ensemble des produits de l'entreprise et l'EIRL a opté pour ne pas retraiter ce produit et le conserver dans la catégorie des BIC : produit normalement imposable.

## IV. Les revenus des titres

**9. Indiquer le régime fiscal applicable à ces dividendes perçus et préciser dans quelle catégorie de revenus ils seront à déclarer.**

Les dividendes perçus sont liés à l'activité professionnelle, ils peuvent donc être exclus du résultat fiscal imposable dans la catégorie des BIC (à déduire) pour soumettre ce dividende à l'IR dans la catégorie des RCM. Mais compte tenu de la LF pour 2018, l'exploitant aura deux possibilités :

– soit soumettre le dividende à un prélèvement forfaitaire unique **(PFU)** de 30 % (soit 12,8 % au titre de l'IR + 17,2 % de prélèvements sociaux ;

– soit opter pour soumettre ce dividende au barème progressif de l'IR après abattement de 40 % et déduction des dépenses supportées pour acquérir ou conserver ce revenu.

**10. Préciser l'imprimé fiscal sur lequel ce retraitement sera effectué.**

Ce retraitement sera opéré par l'imprimé 2031-SD et non sur le 2058-A-SD, ce qui fera apparaître un écart entre le résultat fiscal du tableau préparatoire et celui de l'imprimé 2058-A-SD.

## V. Les gains de change

**11. Dans quel cas une entreprise est-elle amenée à constater des gains ou des pertes de change en comptabilité ?**

Lorsqu'une entreprise traite d'opérations libellées en devises (autres que l'euro), ces opérations (achats, ventes, prêts…) peuvent générer des gains ou des pertes de change en fonction de la variation du cours de la devise par rapport à l'euro entre la date de facturation et la date de règlement.

**12. Justifier par le calcul la différence de change liée à l'encaissement de la facture no 302 du client Vagues et Planches. Expliquer qu'il s'agit d'un gain de change et qu'il est définitif.**

Les factures de vente au client Vagues et Planches sont libellées en dirhams marocains (MAD). Les variations du cours du dirham par rapport à l'euro peuvent générer des gains ou des pertes de change en fonction du cours du jour de la facturation et du cours du jour du règlement par le client.

Montant de la facture en dirhams au jour de la facturation, le 8 mars :
8 500 × 11,248 1 = 95 608,85 MAD.

Montant du règlement des 95 608,85 MAD reçus le 30 avril et convertis en euros à cette date :
95 608,85 / 11,138 1 = 8 583,95 €.

La différence de change liée à l'encaissement de la facture n° 302 est donc égale à :
8 583,95 – 8 500 = 83,95 €.

| | |
|---|---|
| Somme en euros attendue lors de la facturation : | 8 500,00 € |
| Somme effectivement perçue : | 8 583,95 € |
| Différence à l'avantage de WindWin : | 83,95 € |

Les 83,95 € perçus en plus par l'EIRL sont liés à l'encaissement de la créance sur le client. Ils correspondent donc à un gain de change définitif.

**13. Indiquer le traitement fiscal de ce gain de change.**

Le gain de change constaté au compte 75600 représente un produit normalement imposable (pas de retraitement fiscal).

**14. Préciser la raison pour laquelle l'entreprise a mouvementé le compte 4771 au 31/12/2022 afin d'enregistrer la différence de change liée à la facture n° 487 du client Vagues et Planches.**

L'EIRL a effectué une vente de paddles le 12 décembre. La facture, libellée en dirhams, n'a pas encore été réglée par le client à l'inventaire et le comptable a dû constater un gain latent de change lors de l'évaluation obligatoire de la créance au 31 décembre (date de clôture de l'exercice).

**15. Justifier par le calcul la différence latente de change constatée au 31/12/2022 et indiquer son traitement fiscal.**

Montant de la facture en dirhams le jour de la facturation, le 12 décembre :
3 700 × 11,182 5 = 41 375,25 MAD.

Évaluation de la créance en euros au 31 décembre : 41 375,25 / 11,083 7 = 3 732,98 €.

La différence de change correspond à un gain latent évalué à l'inventaire :
3 732,98 – 3 700 = 32,98 €.

Ce gain latent représente une somme imposable au niveau fiscal ; il convient donc de la **réintégrer**, car elle n'a pas été constatée dans un compte de produits.

## VI. La subvention d'équipement

**16. Qu'est-ce qu'une subvention ? Préciser les trois grands types de subventions répertoriés par le PCG.**

Une subvention est une aide financière, attribuée le plus souvent par l'État ou une collectivité territoriale, à une entreprise. Elle se différencie d'un prêt par le fait qu'elle n'est pas remboursée par l'entreprise.

Les trois grands types de subventions répertoriés par le PCG sont les subventions :
– d'exploitation (compte 74) ;
– d'équilibre (compte 7715) ;
– d'équipement (compte 777).

**17. Indiquer les deux modalités d'imposition possibles d'une subvention d'équipement. Des divergences entre les règles comptables et fiscales sont-elles constatées ?**

Une subvention d'équipement peut être imposée :

• soit dès son attribution par inscription de son montant dans le compte 777 ;

• soit sur option, de façon étalée sur plusieurs exercices. Chaque année, une quote-part de la subvention est virée dans le compte 777. Le rythme retenu est différent suivant que le bien subventionné est amortissable ou non :
– pour un bien amortissable, l'étalement doit se faire au même rythme que l'amortissement fiscal du bien,
– pour un bien non amortissable, l'étalement se fait soit sur la durée d'inaliénabilité du bien, soit sur 10 ans s'il n'existe pas de clause d'inaliénabilité.

En règle générale, il n'y a pas de divergence entre les règles comptables et fiscales : le produit constaté dans le compte 777 est normalement imposable (pas de retraitement fiscal).

Il existe cependant une exception qui concerne l'étalement de la subvention d'un bien non amortissable sans clause d'inaliénabilité où un retraitement fiscal est décalé d'un an par rapport au produit constaté en comptabilité.

**18. Retrouver par le calcul la quote-part des subventions d'équipement virée au résultat au 31/12/2022.**

On applique au montant de la subvention le rythme de l'amortissement fiscal du bien subventionné (ici, 10 ans en linéaire) : 12 600 / 10 = 1 260 €

*Ou :* Taux de subvention = 42 000 / 12 600 = 30 %
(42 000 / 10) × 30 % = 1 260 €

**19. Préciser le régime fiscal applicable à cette quote-part.**

La quote-part de 1 260 € virée au compte 777 représente un produit normalement imposable (aucun retraitement fiscal).

**20. Retrouver par le calcul la somme inscrite en « à-nouveau » dans le compte 13915 « Subventions d'équipement inscrites au compte de résultat ».**

La somme de 1 837,50 € correspond au total des sommes virées au résultat depuis l'exercice d'acquisition du bien subventionné (2020) jusqu'à l'exercice 2021 inclus.

Soit : 165 jours pour 2020 + 360 jours pour 2021 = 525 jours

12 600 / 10 × 525/360 = 1 837,50 €

## VII. Synthèse

P7 **21. Contrôler que vous avez correctement mentionné tous les retraitements fiscaux relatifs aux produits sur le tableau préparatoire de détermination du résultat fiscal de l'EIRL WindWin pour l'exercice 2022.**

| Détermination du résultat fiscal : analyse et calcul | Réintégrations | Déductions | Ligne 2058-A |
|---|---|---|---|
| Résultat comptable | 51 302,00 | | |
| Revenu des titres liés à l'activité professionnelle, non imposable dans la catégorie des BIC. À déclarer dans la catégorie des RCM. | | 1 440,00 | |
| Différence de conversion passif : gain latent imposable | 32,98 | | |

# Corrigé des applications

## Application 1 — Traitement fiscal des gains de change (p. 111)

**1. Identifier, pour chacune des deux factures, la nature de l'opération.**

– Document 1 : facture d'achat à une entreprise chinoise, il s'agit donc d'une importation. La facture est libellée en dollars de Hong Kong.

– Document 2 : facture de vente à un client suisse, il s'agit donc d'une exportation. La facture est libellée en francs suisses.

**2. Indiquer le type de régularisation comptable à effectuer le 31/12/N et procéder aux calculs qui en découlent.**

– Document 1 : la facture d'achat date du 8 décembre N et ne sera réglée que fin janvier N+1. Il convient donc de constater la perte latente ou le gain latent au 31 décembre N en augmentant ou diminuant la dette fournisseur par un compte transitoire 476 ou 477.

| | |
|---|---|
| Conversion en euros au 08/12/N : 58 430 / 10,295 = | 5 675,57 € |
| Conversion en euros au 31/12/N : 58 430 / 10,965 = | 5 328,77 € |
| Gain de change latent (diminution de la dette fournisseur) : | 346,80 € |

– Document 2 : la facture de vente date du 21 novembre N et sera encaissée dans 45 jours, soit en N+1. Il convient donc de constater la perte latente ou le gain latent au 31 décembre N en augmentant ou diminuant la créance client par un compte transitoire 476 ou 477.

| | |
|---|---|
| Conversion en euros au 21/11/N : 3 332 / 1,245 51 = | 2 675,21 € |
| Conversion en euros au 31/12/N : 3 332 / 1,209 87 = | 2 754,01 € |
| Gain de change latent (augmentation de la créance client) : | 78,80 € |

**3. Préciser les retraitements nécessaires pour la détermination du résultat fiscal.**

Les gains latents représentent des sommes imposables. Ces gains n'étant pas enregistrés en produits (classe 7), il convient de les réintégrer pour la détermination du résultat fiscal.

## Application 2 — Traitement fiscal des subventions (p. 113)

**1. Calculer, pour la subvention relative à la presse, le montant de la quote-part de la subvention d'investissement virée au compte de résultat au 31/12/N.**

Quote-part virée au résultat au rythme de l'amortissement fiscal : 1 814,06 × 30 % = 544,22 €.

*Ou :* (12 900 × 30 %) × 28,125 % × 6/12 = 544,22 €.

**2. Préciser le régime fiscal applicable à cette quote-part.**

S'agissant d'un bien amortissable, l'entreprise devra enregistrer au 31 décembre N l'écriture de virement de cette quote-part au résultat : 1391 à 777. Il s'agit d'un produit normalement imposable (aucun retraitement fiscal).

**3. Préciser, pour la subvention relative au terrain, le montant de la quote-part virée au résultat au 31/12/N et son régime fiscal.**

Il s'agit d'une subvention d'un bien non amortissable, sans clause d'inaliénabilité. La quote-part qui sera virée au résultat (1391 à 777) au 31 décembre N sera de : 15 000 / 10 = 1 500 €.

Au niveau fiscal, l'imposition de cette quote-part débute l'année suivant l'attribution, soit en N+1. Il convient donc de déduire ce produit (1 500 €) pour éviter son imposition dès l'exercice N.

En N+1, la quote-part qui sera virée au résultat représentera un produit normalement imposable.

**4. Répondre à la question précédente dans l'hypothèse où une clause d'inaliénabilité de 6 ans est imposée par la collectivité locale.**

Dans ce cas, la quote-part virée au résultat (1391 à 777) au 31 décembre N sera de : 15 000 / 6 = 2 500 €. Il s'agit d'un produit normalement imposable (aucun retraitement fiscal).

## Application 3 — Traitement fiscal des produits pour la détermination du résultat imposable (p. 114)

**• Présenter, sous la forme d'un tableau, le calcul du résultat fiscal provisoire de cette entreprise au 31/12/N en justifiant le traitement fiscal réservé à chaque compte présenté dans l'extrait de la balance.**

**Tableau préparatoire pour la détermination du résultat fiscal**

| Détermination du résultat fiscal : analyse et calcul | Réintégrations | Déductions |
|---|---|---|
| Résultat comptable | 86 840,00 | |
| Compte 477200 – gain latent de change imposable | 255,40 | |
| Compte 707100 – ventes de fruits et légumes : produits normalement imposables | | |
| Compte 707200 – ventes d'autres produits alimentaires : produits normalement imposables | | |
| Compte 708500 – ports facturés : produits normalement imposables | | |
| Compte 722000 – production immobilisée corporelle : produit normalement imposable | | |
| Compte 752000 – revenus des immeubles non affectés à des activités professionnelles : produit < 5 % de l'ensemble des produits donc il s'agit de produits normalement imposables (dans la catégorie des BIC) | | |
| Compte 764000 – revenus de valeurs mobilières de placement : placement de trésorerie de l'activité professionnelle, donc imposable dans la catégorie des RCM | | 486,00 |
| Compte 777000 – quote-part de subvention d'un bien amortissable virée au résultat : produit normalement imposable | | |
| **Totaux provisoires** | **87 095,40** | **486,00** |
| **Bénéfice fiscal provisoire (avant traitement des charges)** | **86 609,40** | |

# Chapitre 7 — Synthèse

## I. Du résultat comptable au résultat fiscal

Résultat comptable
+ Charges non déductibles (à réintégrer)
– Produits non imposables (à déduire)
= Résultat fiscal (bénéfice ou déficit)

## II. L'analyse fiscale des produits d'exploitation

### 1. Principe

Tous les produits d'exploitation font généralement partie du bénéfice imposable de l'entreprise. Ils représentent donc des produits normalement imposables. Les règles fiscales d'imposition sont calquées sur les règles comptables de constatation des produits.

### 2. Exceptions

• Les redevances pour concessions, brevets, licences, marques, procédés, logiciels (compte 7511) peuvent bénéficier, sur option, d'un nouveau régime de taxation au taux réduit de 10 % (LF 2019). Si l'entreprise opte pour le régime d'imposition au taux réduit de 10 %, le résultat net bénéficiaire de la concession, après application d'un ratio, sera **à déduire** du résultat fiscal soumis à l'IR dans la catégorie des BIC.

Si l'entreprise n'opte pas pour ce régime, le produit de la redevance représentera un produit normalement imposable : aucun retraitement.

• Les revenus d'immeubles non affectés à des activités professionnelles sont, en principe, à déduire du résultat fiscal soumis aux BIC pour être imposés dans la catégorie des revenus fonciers (sauf s'ils représentent un faible pourcentage de l'ensemble des produits).

## III. L'analyse fiscale des produits financiers

### 1. Principe

Tous les produits financiers font généralement partie du bénéfice imposable de l'entreprise. Ils représentent donc des produits normalement imposables. Les règles fiscales d'imposition sont calquées sur les règles comptables de constatation de ces produits.

### 2. Exceptions

• Les revenus de titres sont, en règle générale, soumis à l'IR dans la catégorie des RCM et sont donc à exclure (à déduire) des BIC.

• Les produits de cessions des VMP (compte 767) sont assimilés à des plus ou moins-values professionnelles (*voir chapitre 10*).

• Les gains latents de change (compte 477) doivent être imposés et donc réintégrés au résultat fiscal.

## IV. Les règles d'imposition des produits exceptionnels

### 1. Principe

Tous les produits exceptionnels font généralement partie du bénéfice imposable de l'entreprise. Ils représentent donc des produits normalement imposables. Les règles fiscales d'imposition sont calquées sur les règles comptables de constatation de ces produits.

### 2. Exceptions

• La quote-part de subvention d'un bien non amortissable sans clause d'inaliénabilité est imposable avec un décalage d'un an par rapport au virement au compte 777 en comptabilité.

• Les produits de cessions de brevets, inventions brevetables, procédés de fabrication industrielle et logiciels protégés par un droit d'auteur peuvent bénéficier sur option du régime de faveur et être soumis au taux réduit de 10 % sur le résultat net imposable (*voir exemple de la page 107 applicable aussi aux cessions*).

# Chapitre 8

# BIC : le régime fiscal des charges décaissées

## Positionnement du chapitre dans le référentiel

| | |
|---|---|
| **Activité** | 3.3. Traitement des opérations relatives aux impôts directs |
| **Composante d'activité** | 3.3.2. Détermination du résultat fiscal (BIC) |
| **Savoirs associés** | – Résultat imposable de l'entreprise<br>– Règles fiscales de déductibilité des charges décaissées<br>– Réintégrations et déductions extra-comptables de nature fiscale |
| **Compétence** | Déterminer le résultat fiscal imposable dans la catégorie des BIC en identifiant et évaluant les réintégrations et déductions extra-comptables nécessaires |
| **Liens P7** | – L'exploitation des données de façon automatisée et reproductible<br>– La traçabilité des opérations |
| **Vers Pix** | 1.3. Traiter des données |

## Travail à faire (p. 116)

### I. L'organisation du travail

**1. Rappeler la nature des tâches déjà effectuées au chapitre précédent.**

Dans le chapitre précédent, le régime fiscal applicable à chaque catégorie de produits de l'entreprise a été étudié afin de commencer la détermination du résultat fiscal.

**2. En quoi consiste la mission qui vous est maintenant confiée ?**

La détermination du résultat fiscal de l'EIRL WindWin se poursuit en étudiant le régime fiscal applicable à chaque catégorie de charges décaissées.

## II. Les principes de déductibilité des charges

**3. Indiquer et justifier, pour chacune de ces opérations, si les conditions générales de déductibilité sont remplies.**

| N° opération | Diminution actif net | Gestion normale | Pièce et comptabilisation | Justification |
|---|---|---|---|---|
| 1 | ✓ | ✓ | ✓ | Opération de diminution de l'actif net (classe 6) réalisée dans l'intérêt de l'exploitation correctement comptabilisée avec pièce justificative. |
| 2 | ✓ | ✓ | ✓ | Opération de diminution de l'actif net (classe 6), car valeur d'origine < 500 € HT, réalisée dans l'intérêt de l'exploitation correctement comptabilisée avec pièce justificative. |
| 3 | ✓ |  | ✓ | Charge à caractère personnel. Elle ne sera pas déductible du résultat fiscal : à réintégrer. |
| 4 | ✓ | ✓ |  | Pas de pièce justificative. En principe, charge non déductible du résultat fiscal : à réintégrer. Mais il suffira de demander un duplicata au fournisseur pour admettre cette charge en déduction. |
| 5 |  |  | ✓ | Dépense à caractère personnel, enregistrée dans le compte 108, donc pas de diminution d'actif net. Le problème de déductibilité fiscale ne se pose pas. |

## III. L'analyse des charges de services extérieurs

**4. Dans le cadre d'une location ou d'un crédit-bail d'un véhicule particulier, quels sont les éléments à prendre en compte afin de déterminer le régime fiscal applicable à la charge locative ?**

Pour déterminer le régime fiscal applicable à la charge locative, il faut prendre en compte :

• la durée de la location (si inférieure à 3 mois, non renouvelable : aucune limitation à la déduction des loyers) ;

• le taux d'émission de $CO_2$ (*voir chap. 9 du livre élève, Fiche ressource 5, III-2, p. 148*) ;

• certaines informations communiquées par le bailleur :
  – le coût d'acquisition TTC du véhicule (base amortissable),
  – le mode et la durée d'amortissement.

**5. Calculer le montant de l'annuité d'amortissement théorique du véhicule Citroën C5T et le montant de l'annuité théorique fiscalement déductible. En déduire la fraction du loyer non déductible à réintégrer.**

Durée du contrat > 3 mois Coût TTC : 28 000 €
Taux d'émission de $CO_2$ : 50 g/km < **($CO_2$ = 130 g)** < 160 g/km
Amortissement linéaire sur 5 ans

| | | |
|---|---|---|
| Amortissement théorique : | (28 000 / 5) × 270 / 360 = 4 200 | |
| Maximum déductible : | (18 300 / 5) × 270 / 360 = 2 745 | |
| Loyer non déductible : | 1 455 | (à réintégrer) |

**6. Indiquer le montant du loyer fiscalement déductible.**

| | |
|---|---|
| Charge locative du véhicule : | 4 500 |
| Loyer non déductible : | 1 455 |
| Loyer normalement déductible : | 3 045 |

**7. Identifier les types de contrats d'assurance souscrits par l'entreprise.**

Deux types de contrats sont souscrits :

– un contrat multirisque ;

– un contrat d'assurance-vie.

**8. Préciser et justifier le régime fiscal applicable à chacune des primes d'assurance.**

– Prime d'assurance multirisque : enregistrement en charge, dans l'intérêt de l'exploitation (protection des éléments d'actif), avec pièces justificatives. Cette charge est normalement déductible du résultat fiscal : aucun retraitement.

– Prime d'assurance-vie : M. Tardieu est considéré comme un homme clé. Cette charge est donc normalement déductible du résultat fiscal : aucun retraitement.

**9. Identifier les catégories de dépenses mentionnées dans le compte 62300. Préciser et justifier le régime fiscal applicable à chacune des catégories de dépenses.**

– Dépenses de parrainage : enregistrement en charge, acte normal de gestion, pièce justificative. Cette charge est normalement déductible du résultat fiscal : aucun retraitement.

– Cadeaux à la clientèle : enregistrement en charge, acte normal de gestion, pièce justificative. Cette charge est normalement déductible du résultat fiscal : aucun retraitement.

**10. Justifier l'enregistrement HT ou TTC des sommes liées aux cadeaux à la clientèle.**

Montant des cadeaux : (1 600 + 960) / 200 = 12,80 × 1,20 = 15,36 € TTC par an et par client (< 73€ TTC) (*voir Chap. 3 du livre élève, Fiche ressource 2, II-3, p. 44*).

L'enregistrement a donc pu se faire HT et la TVA a été récupérée.

**11. Identifier la nature fiscale de la charge enregistrée dans le compte 62500. Préciser le régime fiscal de cette charge.**

Même si elle est nécessaire à l'exploitation de l'entreprise, la location d'un yacht est identifiée comme une charge somptuaire donc non déductible du résultat fiscal : à réintégrer.

## IV. L'analyse des impôts, taxes et versements assimilés

**12. À l'aide d'un tableau, identifier les catégories d'impôts dont sont redevables le foyer Tardieu et l'entreprise WindWin. Préciser leur comptabilisation et leur régime fiscal. Quel constat peut-on faire ?**

| Impôt, taxe ou contribution | Compte débité lors de la comptabilisation | | | Régime fiscal | | |
|---|---|---|---|---|---|---|
| | Charges | 108 | Aucun | Impôt normalement déductible | Impôt non déductible | Retraitement |
| Impôt sur le revenu | | | ✓ | | ✓ | Aucun retraitement |
| CSG et CRDS non déductibles | | ✓ | | | ✓ | Aucun retraitement |
| CSG déductible | ✓ | | | ✓ | | Aucun retraitement |
| CET | ✓ | | | ✓ | | Aucun retraitement |
| TA | ✓ | | | ✓ | | Aucun retraitement |
| Droits d'enregistrement | ✓ | | | ✓ | | Aucun retraitement |

On peut constater qu'aucun retraitement fiscal n'est à effectuer. Les impôts normalement déductibles ont été enregistrés en charges et les impôts non déductibles ont été enregistrés dans un compte 108 ou bien n'ont pas été comptabilisés (IR), car ils ont sans doute été payés avec un compte bancaire privé (non professionnel).

## V. L'analyse des charges de personnel

**13. Identifier, dans les éléments de charges de personnel :**

**• les différentes catégories de rémunérations :**

– les salaires,
– la rémunération du travail de l'exploitant (rémunération sur le bénéfice) ;

**• les différentes catégories de cotisations :**

– les charges patronales de Sécurité sociale,
– les cotisations personnelles de l'exploitant.

**14. Préciser les conditions pour qu'un salaire soit qualifié d'« acte normal de gestion ».**

Pour qu'un salaire soit qualifié d'« acte normal de gestion » :
– il doit correspondre à un travail effectif lié à l'exploitation de l'entreprise ;
– il ne doit pas être excessif eu égard au service rendu.

**15. Préciser et justifier le régime fiscal applicable à chaque catégorie de charges de personnel (rémunérations ou cotisations).**

– <u>Traitements et salaires</u> : travail effectif et rémunérations non excessives ⇒ charges normalement déductibles. Depuis la LF pour 2019, il n'existe plus de limite à la déduction du salaire du conjoint de l'exploitant si ce dernier participe effectivement à l'exercice de la profession, s'il découle d'une gestion normale et si son salaire a donné lieu au versement des cotisations sociales.

– Rémunération du travail de l'exploitant : considérée comme un prélèvement sur les bénéfices ⇒ charge non déductible.

– Charges de Sécurité sociale : acte de gestion normale ⇒ charges normalement déductibles.

– Cotisations personnelles de l'exploitant : cotisations obligatoires ⇒ charges normalement déductibles (les cotisations facultatives sont déductibles dans la limite d'un plafond).

## VI. Les pertes de change

**16. Justifier par le calcul le montant de la différence de change constatée lors du règlement de la facture n° 204 au fournisseur Navy Blue.**

Il s'agit d'une perte de change de 41,02 € constatée dans le compte 65600.

– Au 03/08/2022, la facture d'origine était de : 1 200 × 0,78805 = 945,66 £.

– Au 31/08/2022, les 945,66 £ sont évaluées à : 945,66 / 0,76200 = 1 241,02 €.

⇒ 1 241,02 – 1 200 = 41,02 €

**17. Expliquer pourquoi cette différence de change a été constatée dans le compte 65600. Indiquer le régime fiscal de cette charge.**

– Au 03/08/2022, la créance client (facture n° 204) est évaluée à 1 200 €.

– Au 31/08/2022, la créance effectivement réglée est de 1 241,02 €.

Il s'agit bien d'une perte de change, car l'EIRL a dû régler une somme supérieure à celle prévue initialement. Cette perte de change constitue donc une charge normalement déductible du résultat fiscal (diminution d'actif net, car charge liée à l'exploitation et comptabilisée avec pièce justificative).

**18. Justifier par le calcul le montant de l'écart de conversion actif constaté au 31/12/2022 sur le montant de la facture n° 241.**

– Au 18/12/2022, la facture d'origine était de : 1 800 × 0,779 9 = 1 403,82 £.

– Au 31/12/2022, les 1 403,82 £ sont évaluées à : 1 403,82 / 0,771 02 = 1 820,73 €.

⇒ 1 820,73 – 1 800 = 20,73 €

**19. Expliquer pourquoi cette différence de change a été constatée dans le compte 47610. Indiquer le régime fiscal de cet écart de conversion.**

Il s'agit d'une perte de change latente (non définitive) qui doit être comptabilisée dans un compte 476 (article 420-5 du PCG à consulter sur le site : www.anc.gouv.fr).

Cet écart de conversion actif (perte latente) doit être pris en compte pour la détermination du résultat fiscal. Il convient donc de déduire cette somme.

**20. Quel principe comptable a imposé à l'entreprise la comptabilisation d'une provision pour perte de change ? Préciser le régime fiscal applicable à cette provision.**

C'est le principe de prudence qui exige la comptabilisation d'une provision pour perte de change. Cette provision n'est pas déductible du résultat fiscal (à réintégrer) afin d'éviter une double déduction avec l'écart de conversion actif (compte 476).

**21. Le règlement de la facture n° 241 au fournisseur Navy Blue a eu lieu courant 2023.**

**– Que va devenir la provision pour perte de change du point de vue comptable ?**

**– Quel sera, logiquement, le régime fiscal applicable à la reprise de cette provision lors du calcul du résultat fiscal de l'exercice 2023 ?**

À l'inventaire au 31/12/2023, il conviendra de reprendre comptablement la provision pour perte de change. Puisque la dotation de 2022 n'est pas déductible, la reprise en 2023 ne sera pas imposable : elle sera à déduire du résultat fiscal.

*Complément :* le compte 47610 sera donc crédité pour solde lors du règlement de la créance ou lors de l'ouverture de l'exercice 2023 : les 20,73 € seront donc à réintégrer au résultat fiscal de 2023.

## VII. L'analyse des charges exceptionnelles

**22. Indiquer et justifier le régime fiscal applicable à chacune des opérations comptabilisées en charges exceptionnelles.**

– Pénalités : charges non déductibles (à réintégrer).

– Contravention routière : charge non déductible (à réintégrer).

– Don à une association reconnue d'utilité publique : charge non déductible (à réintégrer).

– Rappel d'impôt : charge normalement déductible, car la taxe d'apprentissage est un impôt déductible (le rappel d'impôt suit le régime de l'impôt en principal).

**23. Quel est l'avantage fiscal dont pourra bénéficier M. Tardieu suite au don effectué à l'association Plein air ?**

L'avantage fiscal correspond à une réduction d'impôt sur le revenu de 60 % du don dans la limite éventuelle d'un plafond.

**24. Vérifier que le don effectué par l'EIRL ouvre droit en totalité à cet avantage.**

Le calcul de la réduction d'impôt se calcule sur une somme plafonnée à **20 000 € ou 5 ‰ du chiffre d'affaires HT** lorsque ce dernier montant est plus élevé.

Ici, le don est de 1 000 € donc inférieur à la 1re limite de 20 000 €, il ouvre donc droit intégralement à la réduction d'impôt de 60 %

*Remarque : la LF pour 2020 a baissé de 60 % à 40 % le taux de la réduction d'impôt pour les versements supérieurs à 2 millions d'euros. Toutefois, les versements effectués au profit d'organismes sans but lucratif qui procèdent à la fourniture de repas à des personnes en difficulté, qui contribuent à favoriser leur logement ou qui fournissent gratuitement certains soins à des personnes en difficulté, demeurent éligibles à une réduction d'impôt au taux de 60 %, quel que soit son montant.*

**25. Calculer le montant de cet avantage fiscal et indiquer sur quel impôt il sera imputé.**

Réduction d'impôt : 1 000 × 60 % = 600 € imputés sur l'IR du foyer fiscal de M. Tardieu.

## VIII. Synthèse

**P7** **26. Contrôler que vous avez correctement mentionné tous les retraitements fiscaux relatifs aux charges décaissées dans le tableau préparatoire de détermination du résultat fiscal de l'EIRL WindWin pour l'exercice 2022.**

**Tableau préparatoire pour la détermination du résultat fiscal**

| **Détermination du résultat fiscal : analyse et calcul** | **Réintégrations** | **Déductions** | **Ligne 2058-A** | |
|---|---|---|---|---|
| Résultat comptable | 51 302,00 | | | Chapitre 7 Produits |
| Revenu des titres, non imposable dans la catégorie des BIC. À déclarer dans la catégorie des RCM. | | 1 440,00 | | |
| Différence de conversion passif : gain latent imposable | 32,98 | | | |
| Loyer de véhicule particulier (*voir calculs question 5, chapitre 8*) | 1 455,00 | | | Chapitre 8 Charges décaissées |
| Location d'un yacht : charge somptuaire | 1 200,00 | | | |
| Rémunération d'un travail de l'exploitant, considérée comme un prélèvement sur les bénéfices : charge non déductible | 36 000,00 | | | |
| Perte latente (compte 47610) : écart de conversion actif déductible du RF | | 20,73 | | |
| Provision pour perte de change non déductible afin d'éviter la double déduction avec l'écart de conversion actif | 20,73 | | | |
| Pénalités pour retard de paiement : charges non déductibles | 218,00 | | | |
| Contravention routière : charge non déductible | 90,00 | | | |
| Don à une association reconnue d'utilité publique : charge non déductible | 1 000,00 | | | |

**27. L'EIRL doit-elle renseigner le cadre E du formulaire n° 2031 ? Pourquoi ?**

Montant des cadeaux : 1 600 + 960 = 2 560 € (< 3 000 €)

Frais de réception : 1 200 € (< 6100 €)

L'imprimé n° 2031 ne doit pas être renseigné, car les frais en question n'excèdent pas les seuils.

# Corrigé des applications

## Application 1 — Traitement fiscal de la rémunération du conjoint de l'exploitant (p. 133)

**1. Quels sont les deux statuts possibles du conjoint dans une entreprise individuelle ?**

Le conjoint de l'exploitant peut choisir entre deux statuts :

– conjoint salarié ;

– conjoint collaborateur.

**2. Au niveau de la rémunération, quelle est la particularité du statut de conjoint collaborateur ? Quel est le statut de conjoint de l'exploitant dans l'entreprise Pain Bio ?**

Dans le cadre du statut de conjoint collaborateur, ce dernier ne perçoit pas de rémunération (ni salaire, ni dividendes).

Le conjoint de l'exploitant de l'entreprise Pain Bio a le statut de conjoint salarié.

**3. À quel type d'entreprise le statut de conjoint associé est-il réservé ? Comment ce conjoint est-il rémunéré ?**

Le statut de conjoint associé est réservé aux sociétés dans lesquelles le chef d'entreprise doit être dirigeant d'une société : SARL, SAS ou SNC (sauf EURL et SASU).

Le conjoint est rémunéré sur les bénéfices de la société (dividendes) en fonction de sa participation dans le capital.

**4. Lors de la détermination du résultat fiscal de l'entreprise Pain Bio, indiquer les conditions à respecter pour la déductibilité du salaire du conjoint de l'exploitant ?**

Depuis la LF 2019, la limitation de la déductibilité du salaire du conjoint de l'exploitant est supprimée. Donc le salaire est normalement déductible si les règles de déductibilité sont respectées :

– participation effective du conjoint à l'exercice de la profession ;

– la rémunération découle d'une gestion normale ;

– le salaire doit avoir donné lieu au versement des cotisations sociales.

## Application 2 — Analyse de primes d'assurance (p. 133)

**• Préciser le régime fiscal applicable à chacune de ces primes d'assurance en précisant les montants normalement déductibles ou à retraiter fiscalement.**

• Compte 61621 « Primes d'assurance multirisque » : cette prime d'assurance couvre les risques liés à des éléments d'actif nécessaires à l'exploitation. Elle est donc normalement déductible du résultat fiscal.

• Compte 61622 « Primes d'assurance-vie » :

– la prime sur la tête de l'exploitant individuel, non considéré comme homme clé, est globalement déductible lors du décès (en principe, lors de la constatation de l'indemnité en comptabilité). Les primes annuelles sont donc à réintégrer ;

– la prime liée à l'emprunt et imposée par l'organisme de crédit est normalement déductible.

## Application 3 — Détermination d'un résultat fiscal (p. 134)

**1. À l'aide d'un tableau, déterminer le résultat fiscal de l'entreprise Sixty's pour l'exercice N en justifiant le traitement fiscal de chaque opération.**

**Tableau préparatoire pour la détermination du résultat fiscal de l'entreprise Sixty's**

| Détermination du résultat fiscal : analyse et calcul | Réintégrations | Déductions |
|---|---|---|
| Résultat comptable | 8 240,00 | |
| 1. Loyer non affecté à l'exploitation, l'entreprise n'a pas exercé d'option, ce produit est donc imposable dans la catégorie des revenus fonciers (non imposable dans la catégorie des BIC) | | 4 800,00 |
| 2. Livraison effectuée et comptabilisée en produits : normalement imposable | | |
| 3. Dividendes perçus donc imposables dans la catégorie des RCM | | 255,00 |
| 4. Gain de change : produit normalement imposable | | |
| 5. La CFE est un impôt normalement déductible donc le dégrèvement est un produit normalement imposable | | |
| 6. Le loyer de crédit-bail est déductible dans la limite d'un amortissement théorique :<br>Amortissement théorique : (22 500 / 3) × 240 / 360 = 5 000,00<br>Maximum déductible (50 < $CO_2$ = 100 g < 160 g/km) :<br>(18 300 / 3) × 240 / 360 = 4 066,67<br>Part du loyer non déductible : 933,33 | 933,33 | |
| 7. Rémunération de l'exploitant non déductible, car assimilée à un prélèvement sur les bénéfices | 24 000,00 | |
| 8. Rémunération du conjoint de l'exploitant : salaire normalement déductible sans limitation (on considère que les 3 conditions de déductibilité sont remplies) | | |
| 9. La taxe foncière sur la maison d'habitation n'est pas liée à l'exploitation de l'entreprise, elle représente un impôt non déductible, car le loyer encaissé ne fait pas partie des BIC | 1 400,00 | |
| 10. Contravention routière : non déductible. | 90,00 | |
| 11. La taxe d'apprentissage est un impôt normalement déductible donc le rappel aussi | | |
| 12. Le gain latent est à déduire du résultat fiscal, car il a déjà été imposé l'année précédente | | 29,00 |
| 13. Dépense à caractère personnel, enregistrée dans le compte 108 : aucun retraitement | | |
| **Totaux** | **34 663,33** | **5 084,00** |
| **Résultat fiscal : bénéfice** | **29 579,33** | |

**2. Préciser les modalités d'imposition de ce résultat fiscal.**

Ce résultat sera imposable à l'IR dans la catégorie des BIC (sans majoration de 10 %, car adhésion à un OGA) avec les autres revenus catégoriels du foyer fiscal de M. Drucker : revenus fonciers, revenus mobiliers.

**3. Pour les éléments ci-dessous, préciser si l'enregistrement comptable a été réalisé HT ou TTC. Justifier vos réponses.**

**– Redevance de crédit-bail de 4 900 €**

Il s'agit d'un crédit-bail sur un véhicule de tourisme exclu du droit à déduction de la TVA (coefficient d'admission = 0). Tous les services liés à un bien exclu du droit à déduction sont eux-mêmes exclus : donc, la somme de 4 900 € est TTC.

**– Cadeau d'anniversaire de 148 €**

Le cadeau d'anniversaire de la fille de l'exploitant est exclu du droit à déduction de la TVA, car il s'agit d'une dépense à caractère personnel donc non liée à l'exploitation de l'entreprise. La somme de 148 € est donc TTC.

# Chapitre 8 — Synthèse

## I. Les règles générales de déductibilité des charges

D'après le Code général des impôts, les charges décaissées déductibles comprennent :

• les achats de matières et de marchandises ;

• les frais généraux, sous certaines conditions. Ils doivent :
– correspondre à des charges ;
– correspondre à une gestion normale (ne pas être à caractère personnel et ne pas avoir un montant excessif) ;
– être comptabilisés et justifiés par une pièce (facture…).

## II. Les règles spécifiques

### 1. Les dépenses somptuaires : non déductibles

Ces charges, considérées comme dispendieuses et sans utilité suffisante pour l'exploitation, concernent les éléments suivants :
– les dépenses liées à la **chasse** et à la **pêche** ;
– les charges liées aux **résidences secondaires** ;
– les charges concernant les **yachts** et les **bateaux de plaisance** ;
– les **annuités d'amortissement des voitures particulières** (inscrites au bilan ou louées) pour la fraction de leur prix d'acquisition TTC qui excède certaines limites en fonction du taux d'émission de $CO_2$.

### 2. Les autres charges décaissées

Elles sont en principe normalement déductibles du résultat fiscal si elles respectent les règles générales. Cependant, le CGI limite ou interdit la déductibilité de certaines d'entre elles.

| Non-déductibilité | Déductibilité limitée |
|---|---|
| Certains impôts (IR, 2,4 % de CSG ; 0,5 de CRDS) *(les autres impôts sont normalement déductibles, y compris leur rappel.).* | Les primes d'assurance-vie (non imposées par un organisme de crédit ou non liées à un homme clé) déductibles lors du décès. |

| Non-déductibilité | Déductibilité limitée |
|---|---|
| Rémunération de l'exploitant (considérée comme un prélèvement sur les bénéfices). | *Remarque* : la déduction de la rémunération du conjoint de l'exploitant n'est plus limitée depuis la LF pour 2019. Donc le salaire est normalement déductible si les règles de déductibilité sont respectées :<br>– participation effective du conjoint à l'exercice de la profession ;<br>– la rémunération découle d'une gestion normale ;<br>– le salaire doit avoir donné lieu au versement des cotisations sociales. |
| Dons effectués à des organismes d'intérêt général, ou agréés ou reconnus d'utilité publique et aux établissements d'enseignement supérieur (cependant, ces dons ouvrent droit à une réduction d'impôt de 60 % dont la base de calcul est limitée à **20 000 €** ou **5 ‰ du chiffre d'affaires HT** lorsque ce dernier montant est plus élevé). | Cotisations sociales facultatives de l'exploitant (plafond). |
| Amendes, pénalités, majorations, contraventions. | |

*Compléments :*

– Les pertes latentes de change comptabilisées dans le compte 476 en N doivent être déduites du résultat fiscal au titre de N. Lors du règlement de la dette ou de la créance, en règle générale en N+1, l'annulation du compte 476 (au crédit) générera une réintégration fiscale.

– Le principe de prudence impose la comptabilisation d'une provision pour perte de change fin N, non déductible du résultat fiscal.

# Chapitre 9

# BIC : le régime fiscal des charges calculées

## Positionnement du chapitre dans le référentiel

| | |
|---|---|
| **Activité** | 3.3. Traitement des opérations relatives aux impôts directs |
| **Composante d'activité** | 3.3.2. Détermination du résultat fiscal (BIC) |
| **Savoirs associés** | – Résultat imposable de l'entreprise<br>– Règles de l'amortissement fiscal, amortissement dérogatoire, amortissement comptable<br>– Règles fiscales de déductibilité des charges calculées<br>– Réintégrations et déductions extra-comptables de nature fiscale |
| **Compétence** | Déterminer le résultat fiscal imposable dans la catégorie des BIC en identifiant et évaluant les réintégrations et déductions extracomptables nécessaires |
| **Liens P7** | – L'exploitation des données de façon automatisée et reproductible<br>– La traçabilité des opérations |
| **Vers Pix** | 1.3. Traiter des données |

## Travail à faire (p. 136)

### I. L'analyse des charges

**1. Rappeler quels sont les différents types de charges calculées.**

On distingue, au niveau fiscal, deux types de charges calculées :
– les amortissements ;
– les provisions : pour dépréciations, pour risques et charges, réglementées.

**2. Indiquer ce qui différencie ces charges calculées des charges décaissées.**

Les charges décaissées sont certaines (pour leur montant et leur existence) et entraînent un décaissement.

Les charges calculées constatent une perte de valeur d'un élément d'actif ou un risque de perte ou de charge (probable) et sont non décaissées.

**3. Indiquer et justifier, pour chacune des charges figurant en annexe, s'il s'agit d'une charge décaissée ou d'une charge calculée et préciser la nature de la charge calculée.**

| N° opération | Charge décaissée | Charge calculée | | | Justification |
|---|---|---|---|---|---|
| | | Amortis-sement | Provision Dépréciation | Provision pour risques et charges | |
| 1 | ✓ | | | | Charge certaine avec pièce justificative et facture comptabilisée. |
| 2 | | ✓ | | | Plan d'amortissement en fonction de la consommation des avantages économiques attendus de l'immobilisation. |
| 3 | | | ✓ | | Le cours du jour d'inventaire du stock est inférieur au prix de revient. |
| 4 | | | | ✓ | Charge probable (versement de dommages et intérêts) et procédure entamée au cours de l'exercice comptable. |
| 5 | | | ✓ | | La valeur actuelle du fonds de commerce est inférieure à sa valeur d'origine. |
| 6 | | | | ✓ | Charge probable (pénalité), et l'événement a lieu avant la clôture de l'exercice comptable. |

## II. Généralités sur les amortissements

**4. Dans le respect de quels principes comptables l'entreprise doit-elle constater des amortissements ?**

L'entreprise doit constater des amortissements dans le respect des principes comptables d'image fidèle, de prudence et d'indépendance des exercices.

**5. Préciser quels sont les éléments indispensables pour l'établissement d'un plan d'amortissement.**

Afin d'établir un plan d'amortissement, les éléments indispensables sont la base (coût d'acquisition ou de production), la durée d'utilisation du bien (et la durée d'usage) et le mode d'amortissement.

**6. Retrouver les cas possibles de divergence entre les règles comptables et fiscales concernant la base, la durée et le mode d'amortissement.**

Les divergences entre les règles comptables et fiscales en matière d'amortissement sont les suivantes :

| Élément | Règles fiscales | | Règles comptables |
|---|---|---|---|
| Base d'amortissement | Valeur d'origine (VO) ou prix de revient | | VO – Valeur résiduelle |
| Durée d'amortissement | Durée d'usage | | Durée réelle d'utilisation |
| Mode d'amortissement | Linéaire<br>Dégressif | Variable<br>Exceptionnel | Linéaire<br>Variable |

## III. L'analyse de l'amortissement de la machine numérique BF 528

**7. Vérifier que cet amortissement remplit bien les conditions de déductibilité spécifiques aux amortissements.**

Cet amortissement remplit bien les conditions de déductibilité spécifiques aux amortissements :
– le bien amorti est un actif immobilisé (matériel industriel) ;
– il est soumis à dépréciation de façon irréversible ;
– il n'est pas exclu des charges déductibles (ce n'est pas un bien somptuaire) ;
– l'annuité d'amortissement a été comptabilisée au débit du compte 681 par le crédit du compte 28.

**8. Vérifier que cette machine remplit les conditions pour bénéficier du mode d'amortissement dégressif.**

Cette machine remplit les conditions pour bénéficier d'un amortissement dégressif puisqu'elle a été acquise **neuve**, que sa **durée d'usage est supérieure à 3 ans** (5 ans) et qu'elle appartient à l'une des **catégories listées par le CGI** (matériels et outillages utilisés pour des opérations industrielles).

**9. Justifier la pratique d'un amortissement dérogatoire lié à cette machine numérique.**

L'amortissement dérogatoire est utilisé pour tenir compte des divergences entre l'amortissement économique et l'amortissement fiscal. Il n'y a pas de valeur résiduelle donc aucune divergence sur la base, ni de divergence sur la durée puisque la durée d'utilisation réelle et la durée d'usage sont de 5 ans.

Par contre, il y a divergence sur le mode d'amortissement puisque le matériel industriel va être amorti économiquement en linéaire alors que, fiscalement, il va être amorti selon le mode dégressif.

**10. Vérifier par le calcul le montant de la dotation économique et de la dotation dérogatoire comptabilisées au 31/12/2022.**

| Exercice | Amortissement fiscal | Amortissement économique | Amortissement dérogatoire | |
|---|---|---|---|---|
| | | | Dotations | Reprises |
| 2022 | 29 400 × 2/12 × (20 % × 1,75) = 1 715 | 29 400 × 45/360 × 20 % = 735 | **980** | |

Montant de la dotation économique 2022 : 735 €.

Montant de la dotation dérogatoire 2022 : 1 715 – 735 = 980 €.

**11. Préciser le compte de charges utilisé en contrepartie du compte 281541 « Amortissements de la machine numérique BF 528 ». Pourquoi utilise-t-on un compte de charges d'exploitation ?**

L'annuité d'amortissement économique comptabilisée au crédit du compte 281541 a pour contrepartie le compte de charges d'exploitation 68112 « Dotations aux amortissements sur immobilisations corporelles ».

Cette charge est une charge d'exploitation, car elle constate la perte de valeur de l'immobilisation liée à l'utilisation de ce matériel dans le cadre de l'exploitation.

**12. Justifier l'utilisation d'un compte de charges à caractère exceptionnel pour l'enregistrement de l'amortissement dérogatoire.**

L'amortissement dérogatoire est comptabilisé au crédit du compte 145541 par le débit du compte de charges exceptionnelles 687250 « Dotations aux amortissements dérogatoires », car il s'agit d'un amortissement fiscal lié à une provision réglementée afin de bénéficier d'un avantage fiscal, et non à une perte réelle de valeur de l'immobilisation.

## IV. L'analyse de l'amortissement d'un véhicule particulier

**13. Vérifier par le calcul le montant de la dotation aux amortissements de l'exercice 2022.**

Annuité 2022 : 27 940 × 25 % × 300 / 360 = 5 820,83 €

**14. Indiquer le régime fiscal applicable à l'amortissement de ce véhicule.**

*Attention à la date d'acquisition des véhicules particuliers qui conditionne les limites d'émission de $CO_2$ et les plafonds de déductibilité.*

L'amortissement excédentaire des véhicules particuliers constitue une charge somptuaire non déductible.

Cet amortissement excédentaire concerne l'amortissement de la fraction du prix d'acquisition TTC au-delà d'un plafond fixé par l'administration fiscale.

Ce véhicule Nissan Navara est qualifié de véhicule particulier, son prix d'acquisition TTC est de 27 940 € et son taux de rejet de $CO_2$ est de 167 g/km. Il est considéré comme véhicule polluant : taux de rejet > 160 g/km. Son amortissement déductible sera donc plafonné à 9 900 €, car 27 940 € > 9 900 €.

**15. Calculer l'amortissement déductible et en déduire la fraction de l'amortissement à réintégrer pour la détermination du résultat fiscal.**

| | |
|---|---|
| Amortissement pratiqué en 2022 : 27 940 × 25 % × 300 / 360 = | 5 820,83 |
| Amortissement déductible en 2022 : 9 900 × 25 % × 300 / 360 = | 2 062,50 |
| Amortissement non déductible en 2022 : | 3 758,33 |

Cette fraction d'amortissement non déductible est à réintégrer.

## V. L'analyse d'une provision pour dépréciation d'une créance client

**16. Justifier par le calcul le montant de la dotation aux provisions pour dépréciation du client Mer et Marée.**

Montant de la dotation aux provisions pour dépréciation du client Mer et Marée :
(3 900 / 1,20) × 60 % = 1 950 €

**17. Vérifier que cette provision remplit toutes les conditions de déductibilité.**

Cette provision remplit toutes les conditions de déductibilité :
– le risque de non-recouvrement est nettement précisé et individualisé ;
– l'événement est en cours à la clôture (procédure judiciaire ouverte en 2022) ;
– la probabilité de la perte est justifiée par l'estimation du syndic liquidateur ;
– cette provision a été calculée sur le montant HT de la créance ;
– elle a été effectivement comptabilisée ;
– elle permet de faire face à une charge fiscalement déductible qui sera enregistrée au débit du compte 654 « Pertes sur créances irrécouvrables » au moment où la perte définitive interviendra.

## VI. L'analyse d'une provision pour risques et charges

**18. Justifier par le calcul le montant de la dotation aux provisions pour garanties données aux clients dotée au 31/12/2022.**

Montant de la dotation aux provisions pour garanties données aux clients 2022 :

CA 2022 : 1 045 900 €

Soit une dotation de : 1 045 900 × 2 % = 20 918 €

**19. Vérifier que cette provision remplit toutes les conditions de déductibilité.**

Cette provision remplit toutes les conditions de déductibilité :
– l'événement est en cours à la clôture (garantie donnée sur les ventes de l'exercice) ;
– la probabilité de la charge est justifiée ;
– le calcul de cette provision a fait l'objet d'une évaluation fiable à partir des données des années précédentes ;
– la provision a été effectivement comptabilisée ;
– elle permet de faire face à une charge fiscalement déductible (les réparations effectuées sur les planches présentant des défauts pour lesquels l'obligation de garantie va jouer).

**20. Préciser quel sera le sort fiscal de la provision pour garanties données aux clients, dotée en 2021 et reprise au 31/12/2022.**

La dotation aux provisions pour garanties données aux clients a été normalement déductible en 2021, le produit que constitue sa reprise en 2022 est donc normalement imposable.

## VII. Synthèse

P7 **21. Vérifier que vous avez correctement renseigné le tableau préparatoire du résultat fiscal de l'exercice 2022, à la suite du retraitement des charges décaissées.**

**Tableau préparatoire pour la détermination du résultat fiscal**

| **Détermination du résultat fiscal : analyse et calcul** | **Réintégrations** | **Déductions** | **Ligne 20 58-A** | |
|---|---|---|---|---|
| Résultat comptable | 51 302,00 | | | Chapitre 7 Produits |
| Revenu des titres, non imposable dans la catégorie des BIC. À déclarer dans la catégorie des RCM. | | 1 440,00 | | |
| Différence de conversion passif : gain latent imposable | 32,98 | | | |
| Loyer de véhicule particulier (*voir calculs chapitre 8, question 5*) | 1 455,00 | | | Chapitre 8 Charges décaissées |
| Location d'un yacht : charge somptuaire | 1 200,00 | | | |
| Rémunération d'un travail de l'exploitant, considérée comme un prélèvement sur les bénéfices : charge non déductible | 36 000,00 | | | |
| Perle latente (compte 47610) : écart de conversion actif déductible du résultat fiscal | | 20,73 | | |
| Provision pour perte de change non déductible afin d'éviter la double déduction avec l'écart de conversion actif | 20,73 | | | |
| Pénalités pour retard de paiement : charges non déductibles | 218,00 | | | |
| Contravention routière : charge non déductible | 90,00 | | | |
| Don à une association reconnue d'utilité publique : charge non déductible | 1 000,00 | | | |
| Amortissements Nissan Navara VP (*voir calculs*) | 3 758,33 | | | Chapitre 9 Charges calculées |

# Corrigé des applications

## Application 1 — Analyse des amortissements — Formulaire 2055-SD (p. 153)

**1. Justifier la pratique d'un amortissement dérogatoire pour l'échafaudage et vérifier les calculs pour l'exercice N.**

Le recours à l'amortissement dérogatoire se justifie, car le mode d'amortissement linéaire est économiquement justifié alors que le mode dégressif a été retenu au niveau fiscal.

Vérification des calculs pour l'exercice N (taux dégressif = 100 / 5 × 1,75 = 35 %)

| | |
|---|---|
| Annuité économique : 18 000 × 20 % = | 3 600,00 |
| Annuité fiscale : [18 000 – (4 725 + 4 646,25)] × 35 % = | 3 020,06 |
| Reprise dérogatoire : 3 600 – 3 020,06 = | 579,94 |

**2. Pour le logiciel utilisé pour les opérations de conception :**

**• vérifier le montant de la dotation économique aux amortissements :**

Annuité économique : 6 200 × ¼ × 120 / 360 = 516,67.

**• indiquer la raison pour laquelle il n'existe pas d'amortissement dérogatoire :**

Le tableau d'amortissement ne fait pas apparaître d'amortissement dérogatoire, car l'annuité fiscale est identique à l'annuité économiquement justifiée. En effet, pour faire le plan d'amortissement de ce logiciel, les règles comptables et fiscales sont identiques (même base : coût d'achat ; même mode : linéaire ; même durée : 4 ans).

**3. Vérifier, pour la camionnette, le montant de l'annuité économique pour l'exercice N.**

Annuité économique : 26 000 × 52 000 / 220 000 = 6 145,45 €

**4. Compléter le formulaire 2055-SD pour l'exercice N (formulaire à télécharger sur le site www.impots.gouv.fr).**

*Voir page suivante.*

## Formulaire 2055-SD *(question 4)*

Formulaire obligatoire (article 53 A du Code général des impôts)

⑥ **AMORTISSEMENTS** DGFiP N° 2055-SD

Désignation de l'entreprise MARTEL Néant ☐ *

**CADRE A — SITUATIONS ET MOUVEMENTS DE L'EXERCICE DES AMORTISSEMENTS TECHNIQUES (OU VENANT EN DIMINUTION DE L'ACTIF) ***

| IMMOBILISATIONS AMORTISSABLES | | Montant des amortissements au début de l'exercice | Augmentations : dotations de l'exercice | Diminutions : amortissements afférents aux éléments sortis de l'actif et reprises | Montant des amortissements à la fin de l'exercice |
|---|---|---|---|---|---|
| Frais d'établissement et de développement TOTAL I | | CY | EL | EM | EN |
| Autres immobilisations incorporelles (logiciel) TOTAL II | | PE 0 | PF 517 | PG | PH 517 |
| Terrains | | PI | PJ | PK | PL |
| Constructions | Sur sol propre | PM | PN | PO | PQ |
| | Sur sol d'autrui | PR | PS | PT | PU |
| | Inst. générales, agencements et aménagements des constructions | PV | PW | PX | PY |
| Installations techniques, matériel et outillage industriels (échafaudage) | | PZ 6 100 | QA 3 600 | QB | QC 9 700 |
| Autres immobilisations corporelles | Inst. générales, agencements, aménagements divers | QD | QE | QF | QG |
| | Matériel de transport (camionnette) | QH 8 745 | QI 6 145 | QJ | QK 14 890 |
| | Matériel de bureau et informatique, mobilier | QL | QM | QN | QO |
| | Emballages récupérables et divers | QP | QR | QS | QT |
| TOTAL III | | QU 14 845 | QV 9 745 | QW | QX 24 590 |
| TOTAL GÉNÉRAL (I + II + III) | | 0N 14 845 | 0P 10 262 | 0Q | 0R 25 107 |

**CADRE B — VENTILATION DES MOUVEMENTS AFFECTANT LA PROVISION POUR AMORTISSEMENTS DÉROGATOIRES**

| Immobilisations amortissables | | DOTATIONS Colonne 1 Différentiel de durée et autres | DOTATIONS Colonne 2 Mode dégressif | DOTATIONS Colonne 3 Amortissement fiscal exceptionnel | REPRISES Colonne 4 Différentiel de durée et autres | REPRISES Colonne 5 Mode dégressif | REPRISES Colonne 6 Amortissement fiscal exceptionnel | Mouvement net des amortissements à la fin de l'exercice |
|---|---|---|---|---|---|---|---|---|
| Frais établissement TOTAL I | | M9 | N1 | N2 | N3 | N4 | N5 | N6 |
| Autres immob. incorporelles TOTAL II | | N7 | N8 | P6 | P7 | P8 | P9 | Q1 |
| Terrains | | Q2 | Q3 | Q4 | Q5 | Q6 | Q7 | Q8 |
| Constructions | sur sol propre | Q9 | R1 | R2 | R3 | R4 | R5 | R6 |
| | sur sol d'autrui | R7 | R8 | R9 | S1 | S2 | S3 | S4 |
| | inst. gales, agenc. et am. des const. | S5 | S6 | S7 | S8 | S9 | T1 | T2 |
| Inst. techniques mat. et outillage (camionnette) | | T3 | T4 3 271 | T5 | T6 | T7 580 | T8 | T9 2 691 |
| Autres immobilisations corporelles | inst. gales, agenc. am. divers | U1 | U2 | U3 | U4 | U5 | U6 | U7 |
| | matériel de transport | U8 | U9 | V1 | V2 | V3 | V4 | V5 |
| | mat. bureau et inform. mobilier | V6 | V7 | V8 | V9 | W1 | W2 | W3 |
| | emballages récup. et divers | W4 | W5 | W6 | W7 | W8 | W9 | X1 |
| TOTAL III | | X2 | X3 3 271 | X4 | X5 | X6 580 | X7 | X8 2 691 |
| Frais d'acquisition de titres de participations TOTAL IV | | NL | | | NM | | | NO |
| Total général (I + II + III + IV) | | NP | NQ 3 271 | NR | NS | NT 580 | NU | NV 2 691 |

| Total général non ventilé (NP + NQ + NR) | NW 3 271 | Total général non ventilé (NS + NT + NU) | NY 580 | Total général non ventilé (NW – NY) | NZ 2 691 |
|---|---|---|---|---|---|

**CADRE C**

| MOUVEMENTS DE L'EXERCICE AFFECTANT LES CHARGES RÉPARTIES SUR PLUSIEURS EXERCICES* | Montant net au début de l'exercice | Augmentations | Dotations de l'exercice aux amortissements | Montant net à la fin de l'exercice |
|---|---|---|---|---|
| Frais d'émission d'emprunt à étaler | | | Z9 | Z8 |
| Primes de remboursement des obligations | | | SP | SR |

* Des explications concernant cette rubrique sont données dans la notice n° 2032

N° 2055-SD – (SDNC-DGFiP) - Novembre 2018

# Application 2 — Synthèse sur les charges calculées — Formulaire 2033-D-SD (p. 154)

**1. Indiquer et justifier le régime fiscal applicable à chacune des charges calculées (annexe) et préciser l'éventuel retraitement à effectuer pour l'exercice N, si nécessaire par le calcul.**

| N° opération | Éléments, justification, calculs | Réintégrations | Déductions |
|---|---|---|---|
| 1 | Fraction d'amortissement non déductible sur un véhicule particulier à réintégrer.<br>Pour un véhicule acquis en N–2 donc en 2020 :<br>Taux de rejet de $CO_2$ = 138 g/km compris entre 50 g et 165 g donc limite de 18 300 €<br>VO TTC : 21 800 € > 18 300 €<br>Annuité comptabilisée en N : .........................5 450<br>Annuité déductible : (5 450 / 21 800) × 18 300 = 4 575<br>(ou 18 300 / 4 = 4575)<br>Fraction annuité non déductible : 5 450 – 4 575 = 875 | 875 | |
| 2 | Fraction d'amortissement non déductible sur un véhicule particulier à réintégrer.<br>Pour un véhicule acquis en N donc en 2022 :<br>Taux de rejet de $CO_2$ = 208 g/km > 160 g/km donc limite de 9 900 €<br>VO TTC : 16 300 € > 9 900 €<br>Annuité comptabilisée en N : .........................2 819<br>Annuité déductible : 2 819 / 16 300 × 9 900 = .....1 712<br>(ou 9 900 / 4 × 249 / 360)<br>Fraction annuité non déductible : 2 819 – 1 712 = 1 107 | 1 107 | |
| 3 | – Amortissement économique du logiciel normalement déductible : (1 350 / 3) = 450. | - | - |
| 4 | Provision pour dépréciation d'un stock normalement déductible, car la valeur probable de réalisation est inférieure au prix de revient à la clôture (perte de valeur de 50 % évaluée par étude de marché). | - | - |
| 5 | – Provision pour dépréciation de créances clients normalement déductible, car calculée sur le montant HT de la créance (3 072 / 1,20 × 0,70 = 1 792 €) et le risque est individualisé.<br>– La provision dotée en N–1 était aussi normalement déductible donc la reprise effectuée en N, lorsque la perte est devenue définitive, est normalement imposable. | - | - |
| 6 | La provision pour perte de change n'est pas déductible afin d'éviter la double déduction avec l'écart de conversion actif qui a déjà été retraité (déduit) fiscalement. Elle est donc à réintégrer.<br>La reprise de la provision pour perte de change dotée en N–1 n'est pas imposable (car la provision en N–1 n'a pas été déductible), elle est donc à déduire. | 851 | 520 |

| N° opération | Éléments, justification, calculs | Réintégrations | Déductions |
|---|---|---|---|
| 7 | L'entreprise ayant été créée après 1987, la charge à payer pour congés payés constatée en N est normalement déductible et la « reprise » de celle de N–1 constatée en N est normalement imposable. | - | - |
| 8 | La provision pour litiges concerne une charge qui ne remplit pas les conditions de déductibilité puisqu'il s'agit d'une amende pour infraction au droit de la concurrence. La dotation de cette provision n'est donc pas déductible. | 450 | |
| 9 | La provision pour licenciement pour motif personnel est en général une charge déductible (si toutes les conditions de déductibilités sont remplies. Ce qui semble être le cas : *voir Fiche ressource 7, tableau 2*), sa reprise constitue donc un produit normalement imposable. | - | - |

**2. Compléter le formulaire 2033-D-SD lié aux éléments mentionnés dans l'annexe ci-dessous pour l'exercice N (formulaire à télécharger sur le site www.impots.gouv.fr).**

Explications des sommes mentionnées dans le formulaire :

– case 620 : provision licenciement N–1 (1 080) + provision pour congés payés N–1 (7 420) + provision pour perte de change N–1 (520) = 9 020 ;

– case 622 et 626 : provision pour amende N (450) + provision pour perte de change N (851) + provision pour congés payés N (8 100) = 9 401 ;

– case 624 : idem case 620 pour les reprises ;

– case 642 et 646 : provision pour dépréciation des stocks (430) ;

– case 650 : provision pour dépréciation des créances clients N–1 (1 200) ;

– case 652 : provision pour dépréciation des créances clients N (1 792) ;

– case 654 : idem case 650 pour les reprises ;

– case 656 : idem case 652.

Dans le cadre C on indique uniquement les dotations aux provisions non déductibles donc uniquement la provision pour amende et la provision pour perte de change. La provision pour congés payés de 8100 est normalement déductible

*Nouveau formulaire 2033-D-SD page suivante.*

## Formulaire 2033-D-SD *(question 2)*

DGFiP N° 2033-D-SD

Formulaire obligatoire (article 302 septies A bis du Code général des impôts)

④ RELEVÉ DES PROVISIONS - AMORTISSEMENTS DÉROGATOIRES - DÉFICITS REPORTABLES - DIVERS

Désignation de l'entreprise : MARTINI — Néant ☐ *

### I RELEVÉ DES PROVISIONS - AMORTISSEMENTS DÉROGATOIRES

| A NATURE DES PROVISIONS | | | Montant au début de l'exercice | | Augmentations : dotations de l'exercice | | Diminutions : reprises de l'exercice | | Montant à la fin de l'exercice |
|---|---|---|---|---|---|---|---|---|---|
| Provisions réglementées | Amortissements dérogatoires | 600 | | 602 | | 604 | | 606 | |
| | Dont majorations exceptionnelles de 30 % | 601 | | 603 | | 605 | | 607 | |
| | Autres provisions réglementées * | 610 | | 612 | | 614 | | 616 | |
| Provisions pour risques et charges | | 620 | 9 020 | 622 | 9 401 | 624 | 9 020 | 626 | 9 401 |
| Provisions pour dépréciation | Sur immobilisations | 630 | | 632 | | 634 | | 636 | |
| | Sur stocks et en cours | 640 | | 642 | 430 | 644 | | 646 | 430 |
| | Sur clients et comptes rattachés | 650 | 1 200 | 652 | 1792 | 654 | 1 200 | 656 | 1 792 |
| | Autres provisions pour dépréciation | 660 | | 662 | | 664 | | 666 | |
| TOTAL | | 680 | 10 220 | 682 | 11 623 | 684 | 10 220 | 686 | 11 623 |

**B** MOUVEMENTS AFFECTANT LA PROVISION POUR AMORTISSEMENTS DÉROGATOIRES

| | | Dotations | | Reprises |
|---|---|---|---|---|
| Immob. incorporelles | 700 | | 705 | |
| Terrains | 710 | | 715 | |
| Constructions | 720 | | 725 | |
| Inst. techniques mat. et outillage | 730 | | 735 | |
| Inst. générales, agencements amén. div. | 740 | | 745 | |
| Matériel de transport | 750 | | 755 | |
| Autres immobilisations corporelles | 760 | | 765 | |
| TOTAL | 770 | | 775 | |

**C** VENTILATION DES DOTATIONS AUX PROVISIONS ET CHARGES À PAYER NON DÉDUCTIBLES POUR L'ASSIETTE DE L'IMPÔT (Si le cadre C est insuffisant, joindre un état du même modèle)

| | | |
|---|---|---|
| 1 | Indemnités pour congés à payer, charges sociales et fiscales correspondantes | |
| 2 | Provisions pour amendes et pénalités | 450 |
| 3 | Provisions pour pertes de change | 851 |
| 4 | | |
| 5 | | |
| 6 | | |
| 7 | | |
| | TOTAL à reporter ligne 322 du tableau n° 2033-B-SD (780) | 1 301 |

### II DÉFICITS REPORTABLES

| | | |
|---|---|---|
| Déficits restant à reporter au titre de l'exercice précédent (1) | 982 | |
| Déficits imputés | 983 | |
| Déficits reportables | 984 | |

### III DÉFICITS PROVENANT DE L'APPLICATION DU 209C

| | | |
|---|---|---|
| Résultat déficitaire relevant de l'article 209C du CGI | 995 | |
| Déficits étrangers des PME antérieurement déduits (article 209C du CGI) | 996 | |

### IV DIVERS

| | | |
|---|---|---|
| Primes et cotisations complémentaires facultatives | 381 | |
| Cotisations personnelles obligatoires de l'exploitant * | 380 | |
| N° du centre de gestion agréé | 388 | |
| Montant de la TVA collectée | 374 | |
| Montant de la TVA déductible sur biens et services (sauf immobilisations) | 378 | |
| Montant des prélèvements personnels de l'exploitant | 399 | |
| Aides perçues ayant donné droit à la réduction d'impôt prévue au 4 de l'article 238 *bis* du CGI pour l'entreprise donatrice | 398 | |
| Montant de l'investissement reçu qui a donné lieu à amortissement exceptionnel chez l'entreprise investisseur dans le cadre de l'article 217 *octies* du CGI | 397 | |

(1) Cette case correspond au montant porté sur la ligne 870 du tableau 2033D déposé au titre de l'exercice précédent.
* Des explications concernant cette rubrique figurent dans la notice n° 2033-NOT-SD.

N° 2033-D-SD – (SDNC-DGFiP) – Janvier 2019

# Chapitre 9 — Synthèse

## I. Généralités : charges décaissées et charges calculées

Les charges décaissées sont des charges certaines quant à leur existence et leur montant.

Les charges calculées, non décaissées, comptabilisées dans le respect des principes d'image fidèle, de prudence et d'indépendance des exercices, regroupent :
– les amortissements ;
– les provisions : pour dépréciations, pour risques et charges, réglementées.

## II. Les amortissements

Le droit fiscal fixe trois conditions de déductibilité des amortissements :
– le bien doit être un actif soumis à dépréciation de façon irréversible ;
– l'amortissement ne doit pas être exclu des charges déductibles (dépenses somptuaires) ;
– l'amortissement doit être comptabilisé et mentionné sur une annexe de la liasse fiscale.

## III. Le plan d'amortissement

Les règles fiscales et comptables relatives à la base, à la durée et au mode d'amortissement peuvent diverger, ce qui justifie en général le recours à l'amortissement dérogatoire.

| Élément | Règles fiscales | Règles comptables |
|---|---|---|
| Base d'amortissement | Valeur d'origine ou prix de revient | VO – Valeur résiduelle |
| Durée d'amortissement | Durée d'usage | Durée réelle d'utilisation |
| Mode d'amortissement | Linéaire ou variable<br>Dégressif* et exceptionnel | Linéaire ou variable |

* L'amortissement dégressif est réservé aux biens neufs dont la durée de vie est supérieure à 3 ans et listés par le CGI.

## IV. Les amortissements dérogatoires

L'amortissement dérogatoire permet de respecter les règles comptables et fiscales quand elles divergent.

Amortissement dérogatoire = Amortissement fiscal – Amortissement économique

Si annuité fiscale > annuité économique ⇒ dotation dérogatoire
Si annuité fiscale < annuité économique ⇒ reprise dérogatoire

## V. Les amortissements : cas particuliers

• **La structure et les composants** de biens décomposés font l'objet de plans d'amortissement séparés.

• **Les PME** peuvent amortir **économiquement** les immobilisations selon le mode dégressif sans avoir recours à l'amortissement dérogatoire, mais elles doivent y recourir en cas de valeur résiduelle.

• **L'amortissement des biens somptuaires** est une charge non déductible à réintégrer. La déductibilité de l'amortissement des véhicules de tourisme, amortis sur la VO TTC, est limitée en fonction du taux de rejet de $CO_2$.

• **Les amortissement exceptionnels et dispositifs de suramortissement** sont des mesures facultatives destinées à encourager certains investissements. Ces techniques d'amortissements ne concernent que quelques biens (certains titres de sociétés, camions peu polluants pour certaines entreprises…). Ces techniques sont devenues des éléments marginaux qui semblent donc exclus du programme du BTS CG.

**(à compléter……)**

## VI. Les provisions

On distingue :
– les provisions réglementées, qui sont des charges toujours déductibles ;
– les provisions pour dépréciations ;
– les provisions pour risques et charges.

• Conditions de déductibilité des provisions pour dépréciations, et pour risques et charges :
– faire face à des pertes ou charges fiscalement déductibles ;
– les pertes ou charges doivent être précisées ;
– les pertes ou charges doivent être probables ;
– les pertes ou charges doivent résulter d'événements en cours à la clôture de l'exercice ;
– les provisions doivent être comptabilisées.

Donc :
– si une provision est normalement déductible, sa reprise sera normalement imposable (aucun retraitement) ;
– si une provision n'est pas déductible, donc à réintégrer, sa reprise sera non imposable, donc à déduire.

• Les provisions pour dépréciations :
– des immobilisations sont en général déductibles ;
– des autres éléments de l'actif sont en général déductibles (dépréciations des créances calculées sur le HT et le risque doit être individualisé).

*Remarque :* les dépréciations des immobilisations financières et des VMP relèvent du régime des plus ou moins-values professionnelles.

• Les provisions pour risques et charges sont en général déductibles si la charge ou le risque couvert est déductible.

Ne sont jamais déductibles, les provisions :
– pour indemnités de départ à la retraite ;
– pour amendes, pénalités et majorations ;
– de propre assureur ;
– pour pertes de change.

# Chapitre 10

# BIC : les plus ou moins-values professionnelles

## Positionnement du chapitre dans le référentiel

| | |
|---|---|
| **Activité** | 3.3. Traitement des opérations relatives aux impôts directs |
| **Composante d'activité** | 3.3.2. Détermination du résultat fiscal (BIC) |
| **Savoirs associés** | – Résultat imposable de l'entreprise<br>– Régimes des plus ou moins-values professionnelles<br>– Réintégrations et déductions extra-comptables de nature fiscale |
| **Compétence** | Déterminer le résultat fiscal imposable dans la catégorie des BIC en identifiant et évaluant les réintégrations et déductions extracomptables nécessaires |
| **Liens P7** | – L'exploitation des données de façon automatisée et reproductible<br>– La traçabilité des opérations |
| **Vers Pix** | 1.3. Traiter des données |

## Travail à faire (p. 156)

### I. Le champ d'application des plus ou moins-values professionnelles

**1. Vérifier que l'EIRL WindWin ne bénéficie d'aucune exonération d'impôt concernant ses plus ou moins-values professionnelles.**

L'EIRL WindWin exerce une activité depuis plus de 5 ans, **mais** le chiffre d'affaires moyen des deux exercices précédents étant supérieur à 350 000 € (*voir annexe 2 page 88*), elle relève de plein droit du régime des plus ou moins-values professionnelles, donc pas d'exonération.

**2. Préciser, pour chacune des opérations réalisées ou enregistrées, si elle relève du régime général ou d'un régime particulier des plus ou moins-values professionnelles.**

• Le régime général des plus ou moins-values professionnelles concerne les cessions de biens immobilisés amortissables ou non **autres que les titres**.

Donc sont concernées les cessions de biens amortissables suivants :
– le photocopieur Rank (opération 1) ;
– la ponceuse industrielle KTU (opération 2) ;
– le véhicule particulier Renault Clio (opération 3).

• Les régimes particuliers concernent les titres : cession et dépréciation.

Donc sont concernées les opérations suivantes :

– la cession de titres VMP (opération 4) ;
– la dotation pour dépréciation de titres immobilisés (opération 5).

## II. L'analyse fiscale des cessions dans le cadre du régime général

**3. Identifier les comptes de gestion mouvementés lors d'une cession et nécessaires à la détermination de la plus ou moins-value comptable.**

Les comptes mouvementés lors d'une cession et nécessaires à la détermination de la plus ou moins-value comptable sont :
– le compte 675 « Valeurs comptables des éléments d'actif cédés » (obtenu par différence entre la VO enregistrée en classe 2 et les amortissements enregistrés au compte 28 « Amortissements de… ») ;
– le compte 775 « Produits des cessions d'éléments d'actif », qui enregistre le prix de cession de l'immobilisation.

**4. Dans quel cas existe-t-il une différence entre les plus ou moins-values comptable et fiscale ? Conclure en indiquant quel type d'amortissement est pris en compte pour la détermination de la plus ou moins-value fiscale.**

La plus ou moins-value fiscale diffère de la plus ou moins-value comptable quand le bien cédé a fait l'objet d'un amortissement fiscal différent de l'amortissement comptable, ce qui a induit le recours à un amortissement dérogatoire enregistré au compte 145 « Amortissements dérogatoires ».

Afin de déterminer la plus ou moins-value fiscale, il faut retenir l'amortissement fiscal.

P7 **5. Déterminer et qualifier les plus ou moins-values professionnelles pour chacun des éléments amortissables cédés. Automatiser les calculs dans un tableau Excel (*cf.* modèle de tableau de calcul de la plus ou moins-value — fiche ressource 2 § II point 1 p. 163).**

1. Photocopieur Rank : bien amortissable acquis depuis plus de 2 ans

| | | |
|---|---|---|
| Prix de cession (compte 775200) : | | 1 800 |
| Coût d'acquisition (compte 218310) : | 3 800 | |
| Cumul des amortissements économiques (compte 281831) : | – 1 520 | |
| Valeur comptable nette (compte 675200) : | 2 280 | – 2 280 |
| Moins-value comptable et fiscale à CT : | | – 480 |

2. Ponceuse industrielle KTU : bien amortissable acquis depuis plus de 2 ans

| | | |
|---|---|---|
| Prix de cession (compte 775200) | | 6 500,00 |
| Coût d'acquisition (compte 215420) : | 15 450 | |
| Cumul des amortissements économiques (compte 281542) : | – 6 180 | |
| Valeur comptable nette rectifiée (compte 675200) : | 9 270 | – 9 270,00 |
| Moins-value comptable : | | – 2 770,00 |
| Reprises pour solde des amortissements dérogatoires (compte 145542) : | | + 3 628,14 |
| Plus-value fiscale à CT (limite des amortissements pratiqués) : | | + 858,14 |

3. Véhicule particulier Renault Clio : bien amortissable acquis depuis plus de 2 ans

| | | |
|---|---|---|
| Prix de cession (compte 775200) : | | 14 599 |
| Coût d'acquisition (compte 218210) : | 23 600 | |
| Cumul des amortissements économiques (compte 281821) : | – 10 325 | |
| Valeur comptable nette (compte 675200) : | 13 275 | – 13 275 |
| Plus-value comptable et fiscale à CT (limite des amortissements pratiqués) : | | + 1 324 |

*NB* Afin de compléter le formulaire 2059-A-SD, il faudra distinguer les amortissements fiscaux déductibles et les amortissements non déductibles (*voir question 12*).

**6. Calculer la part non déductible de la dotation aux amortissements complémentaire du véhicule Renault Clio cédé en 2022 et procéder à son retraitement dans le tableau préparatoire de détermination du résultat fiscal.**

La déductibilité de la dotation aux amortissements complémentaire du véhicule particulier Renault Clio est limitée à un plafond de 18 300 €, car son taux de rejet de $CO_2$ (**125 g/km**) est compris entre 50 g et 165 g/km, car acquis en 2020.

| | |
|---|---|
| Annuité complémentaire comptabilisée : 23 600 × 2/12 × 25 % = | 983,33 |
| Annuité fiscalement déductible : 983,33 / 23 600 × 18 300 = | – 762,50 |
| Annuité fiscalement non déductible : | 220,83 |

## III. L'analyse fiscale des cessions dans le cadre des régimes particuliers

**7. Identifier le compte mouvementé lors de la cession des VMP « Sports Extrêmes » dans lequel figure la plus ou moins-value.**

Lors de la cession de VMP, le résultat de cession, obtenu par différence entre le prix de cession et le prix d'acquisition des titres, est comptabilisé soit au débit du compte 667 « Charges nettes sur cessions de VMP » s'il s'agit d'une moins-value, soit au crédit du compte 767 « Produits nets sur cession de VMP » s'il s'agit d'une plus-value.

Lors de la cession des VMP « Sports Extrêmes », l'EIRL WindWin a mouvementé le compte 767000 « Produits nets sur cessions de VMP » pour un montant de 3 800 €, qui constitue la plus-value globale de cession comptable.

**8. Déterminer et qualifier les plus ou moins-values liées à la cession des VMP « Sports Extrêmes ».**

Les 140 titres « Sports Extrêmes » cédés le 18/10/2022 ont été acquis à des dates différentes. La méthode du PEPS a été appliquée, mais, afin de déterminer et de qualifier fiscalement les plus ou moins-values de cession, il faut distinguer les titres selon qu'ils ont été acquis il y a plus ou moins deux ans.

• 1er lot – 120 titres acquis le 02/06/2018 : titres acquis depuis plus de 2 ans

| | | |
|---|---|---|
| Prix de cession des 120 titres : 120 × 130 = | 15 600 | |
| Prix d'acquisition des 120 titres : 120 × 100 = | – 12 000 | |
| Plus-value de cession : | 3 600 | (à LT, car plus de 2 ans) |

• 2e lot – 20 titres acquis le 14/11/2021 : titres acquis depuis moins de 2 ans

| | | |
|---|---|---|
| Prix de cession des 20 titres : 20 × 130 = | 2 600 | |
| Prix d'acquisition des 20 titres : 20 × 120 = | – 2 400 | |
| Plus-value de cession : | 200 | (à CT, car moins de 2 ans, mais cédés avec des titres de même nature détenus depuis plus de 2 ans) |

**9. Justifier par le calcul le montant de la dotation pour dépréciation comptabilisée sur les titres « Pacific Sport ». De quel régime fiscal relève cette dotation ?**

Calcul de la dépréciation au 31/12/2022 des 2 100 titres « Pacific Sport » acquis en mars 2022 :

| | |
|---|---|
| Valeur d'acquisition des titres : 2 100 × 43,20 = | 90 720 |
| Valeur d'inventaire des titres : 2 100 × 42,70 = | 89 670 |
| Dépréciation : | 1 050 |

Les titres ont été acquis courant 2022, ils n'ont donc fait l'objet d'aucune dépréciation par le passé. Il convient alors de constater une dotation aux dépréciations des immobilisations financières de 1 050 € comptabilisée au débit du compte 686620 « Dotations aux dépréciations des immobilisations financières ».

Cette dotation relève du régime fiscal des plus ou moins-values professionnelles et constitue une moins-value à LT.

## IV. La détermination des plus ou moins-values nettes et le retraitement fiscal

P7 **10. Reporter dans un tableau chacune des plus ou moins-values professionnelles déterminées précédemment afin de calculer les plus ou moins-values nettes de l'exercice 2022 (*voir le modèle dans la Fiche ressource 4*).**

| Élément | Court terme | | Long terme | |
|---|---|---|---|---|
| | Plus-values | Moins-values | Plus-values | Moins-values |
| Photocopieur Rank | | 480 | | |
| Ponceuse industrielle KTU | 858 | | | |
| Véhicule particulier Renault Clio | 1 324 | | | |
| Titres « Sports Extrêmes » | | | | |
| 1er lot | | | 3 600 | |
| 2e lot | 200 | | | |
| Dotation aux dépréciations titres « Pacific Sport » | | | | 1 050 |
| **Totaux** | **2 382** | **480** | **3 600** | **1 050** |
| | **PVNCT = 1 902** | | **PVNLT = 2 550** | |

**11. Compléter le formulaire 2059-A-SD de la liasse fiscale pour l'exercice 2022 (formulaire à télécharger sur le site www.impots.gouv.fr).**

Afin de compléter le formulaire 2059-A-SD, il faut déterminer les amortissements fiscaux et ceux non déductibles concernant le véhicule Clio.

| | | |
|---|---|---|
| Prix de cession (compte 775200) : | | 14 599,00 |
| Coût d'acquisition (compte 218210) : | 23 600,00 | |
| Cumul des amortissements fiscalement admis en déduction : | – 8 006,25 | |
| 10 325 / 23 600 × 18 300 = 8 006,25 | | |
| Valeur résiduelle fiscale : | 15 593,75 | – 15 593,75 |
| Moins-value fiscale à CT : | | – 994,75 |
| Amortissements fiscalement non déductibles : | | |
| 10 325 – 8 006,25 = 2 318,75 € | | |
| Plus-value fiscale à CT : | | + 2 318,75 |

– 994,75 + 2 318,75 = 1 324 €

On retrouve la plus-value fiscale de 1 324 € calculée en question 5.

*Voir imprimé page suivante.*

**12. Préciser le régime fiscal applicable à chacune des plus ou moins-values nettes réalisées au cours de l'exercice 2022.**

La plus-value nette à court terme peut être soit imposée immédiatement, soit étalée sur 3 ans. L'EIRL ayant décidé de retenir la solution la plus favorable fiscalement, elle va donc étaler l'imposition sur 3 ans et déduire, en 2022, 2/3 de la PVNCT, puis réintégrer 1/3 en 2023 et en 2024.

La plus-value nette à LT bénéficie d'une imposition au taux du PFU de 12,8 % (+ les prélèvements sociaux de 17,2 %, soit une imposition globale de 30 %). Elle sera donc à déduire du résultat fiscal imposable dans la catégorie des BIC pour être imposée à son propre régime (PFU de 12,8 %).

## Formulaire 2059-A-SD *(question 11)*

Formulaire obligatoire (article 53 A du Code général des impôts)

(12)

**DÉTERMINATION DES PLUS ET MOINS VALUES**

DGFiP N° 2059-A-SD

| Désignation de l'entreprise | EIRL WindWin | Néant ☐ * |
|---|---|---|

**A – DÉTERMINATION DE LA VALEUR RÉSIDUELLE**

| | | Nature et date d'acquisition des éléments cédés* | Valeur d'origine* | Valeur nette réévaluée* | Amortissements pratiqués en franchise d'impôt | Autres amortissements* | Valeur résiduelle |
|---|---|---|---|---|---|---|---|
| | | 1 | 2 | 3 | 4 | 5 | 6 |
| I – IMMOBILISATIONS * | 1 | Photocopieur Rank 01/02/18 | 3 800 | | 1 520 | | 2 280 |
| | 2 | Ponceuse KTU 16/04/18 | 15 450 | | 9 808 | | 5 642 |
| | 3 | Véhicule Clio 01/06/20 | 23 600 | | 8 006 | | 15 594 |
| | 4 | VMP sports extrêmes 02/06/18 | 12 000 | | | | 12 000 |
| | 5 | VMP sports extrêmes 14/11/21 | 2 400 | | | | 2 400 |
| | 6 | | | | | | |
| | 7 | | | | | | |
| | 8 | | | | | | |
| | 9 | | | | | | |
| | 10 | | | | | | |
| | 11 | | | | | | |
| | 12 | | | | | | |

**B – PLUS-VALUES, MOINS-VALUES** — **Qualification fiscale des plus et moins-values réalisées ***

| | | Prix de vente | Montant global de la plus-value ou de la moins-value | Court terme | Long terme | | | Plus-value taxable à 19% (1) |
|---|---|---|---|---|---|---|---|---|
| | | | | | 19% | 15% ou 12,80% | 0% | |
| | | 7 | 8 | 9 | | 10 | | 11 |
| I – IMMOBILISATIONS * | 1 | 1 800 | - 480 | - 480 | | | | |
| | 2 | 6 500 | 858 | 858 | | | | |
| | 3 | 14 599 | - 995 | - 995 | | | | |
| | 4 | 15 600 | 3 600 | | | 3 600 | | |
| | 5 | 2 600 | 200 | 200 | | | | |
| | 6 | | | | | | | |
| | 7 | | | | | | | |
| | 8 | | | | | | | |
| | 9 | | | | | | | |
| | 10 | | | | | | | |
| | 11 | | | | | | | |
| | 12 | | | | | | | |
| II – AUTRES ÉLÉMENTS | 13 | Fraction résiduelle de la provision spéciale de réévaluation afférente aux éléments cédés | | + | | | | |
| | 14 | Amortissements irrégulièrement différés se rapportant aux éléments cédés | | + | | | | |
| | 15 | Amortissements afférents aux éléments cédés mais exclus des charges déductibles par une disposition légale | | + 2 319 | | | | |
| | 16 | Amortissements non pratiqués en comptabilité et correspondant à la déduction fiscale pour investissement, définie par les lois de 1966, 1968 et 1975, effectivement utilisée | | + | | | | |
| | 18 | Provisions pour dépréciation des titres relevant du régime des plus ou moins-values à long terme devenues sans objet au cours de l'exercice | | | | | | |
| | 19 | Dotations de l'exercice aux comptes de provisions pour dépréciation des titres relevant du régime des plus ou moins-values à long terme | | | | - 1 050 | | |
| | 20 | Divers (détail à donner sur une note annexe) * | | | | | | |
| | | CADRE A : plus ou moins-value nette à court terme (total algébrique des lignes 1 à 20 de la colonne 9) | | 1 902 | | 2 550 | | |
| | | CADRE B : plus ou moins-value nette à long terme (total algébrique des lignes 1 à 20 de la colonne 10) | | (A) | (B) avec une ventilation par taux | | | (C) |
| | | CADRE C : autres plus-values taxables à 19 % (colonne 11) | | | | | | |

* Des explications concernant cette rubrique figurent dans la notice n° 2032-NOT-SD

(1) Ces plus-values sont imposables au taux de 19 % en application des articles 238 *bis* JA, 208 C et 210 E du CGI.

**P7** **13. Effectuer les retraitements fiscaux nécessaires concernant les plus et moins-values de l'exercice 2022 et des exercices antérieurs en poursuivant la détermination du résultat fiscal de l'exercice 2022 dans le tableau préparatoire.**

**Tableau préparatoire pour la détermination du résultat fiscal**

| Détermination du résultat fiscal : analyse et calcul | Réintégrations | Déductions | Ligne 2058-A | |
|---|---|---|---|---|
| Résultat comptable | 51 302,00 | | | Chapitre 7 Produits |
| Revenu des titres, non imposable dans la catégorie des BIC. À déclarer dans la catégorie des RCM. | | 1 440,00 | | |
| Différence de conversion passif : gain latent imposable | 32,98 | | | |
| Loyer de véhicule particulier (voir calculs question 5, chapitre 8) | 1 455,00 | | | Chapitre 8 Charges décaissées |
| Location d'un yacht : charge somptuaire | 1 200,00 | | | |
| Rémunération d'un travail de l'exploitant, considérée comme un prélèvement sur les bénéfices : charge non déductible | 36 000,00 | | | |
| Perle latente (compte 47610) : écart de conversion actif déductible du RF | | 20,73 | | |
| Provision pour perte de change non déductible afin d'éviter la double déduction avec l'écart de conversion actif | 20,73 | | | |
| Pénalités pour retard de paiement : charges non déductibles | 218,00 | | | |
| Contravention routière : charge non déductible | 90,00 | | | |
| Don à une association reconnue d'utilité publique : charge non déductible | 1 000,00 | | | |
| Amortissements Nissan Navara VP (voir calculs) | 3 758,33 | | | Chapitre 9 Charges calculées |
| Amortissement Renault Clio (voir calculs) | 220,83 | | | Chapitre 10 Plus et moins-values |
| PVNCT 2022 : 1 902 €, étalement par 1/3 sur 3 ans dès l'exercice de réalisation de la PVNCT : 1 902 × 2/3 = 1 268 € | | 1 268,00 | | |
| PVNLT 2022 : 2 550 €, imposable au PFU de 12,8 % | | 2 550,00 | | |
| PVNCT 2021 : 2 100 × 1/3 = 700 € | 700,00 | | | |
| PVNCT 2020 : 3 300 × 1/3 = 1 100 € | 1 100,00 | | | |
| PVNCT 2019 : 4 500 €, totalement imposée depuis 2021 | | | | |

**14. Compléter le formulaire 2059-B-SD de la liasse fiscale pour l'exercice 2022 (formulaire à télécharger sur le site www.impots.gouv.fr).**

cerfa N° 10954 * 17 (13)

Formulaire obligatoire (article 53 A du Code général des impôts)

**AFFECTATION DES PLUS-VALUES À COURT TERME ET DES PLUS-VALUES DE FUSION OU D'APPORT**

DGFiP N° 2059-B

EXEMPLAIRE À CONSERVER PAR LE DÉCLARANT

Désignation de l'entreprise : EIRL WINDWIN — Formulaire déposé au titre de l'IR: EU — Néant ☐ *

**A ÉLÉMENTS ASSUJETTIS AU RÉGIME FISCAL DES PLUS-VALUES À COURT TERME**
(à l'exclusion des plus-values de fusion dont l'imposition est prise en charge par les sociétés absorbantes) (cf. cadre B)

| Origine | Imposition répartie | | Montant net des plus-values réalisées* | Montant antérieurement réintégré | Montant compris dans le résultat de l'exercice | Montant restant à réintégrer |
|---|---|---|---|---|---|---|
| Plus-values réalisées au cours de l'exercice | sur 3 ans (entreprises à l'IR) | | 1902 | | 634 | 1268 |
| | sur 10 ans | | | | | |
| | sur une durée différente (art. 39 *quaterdecies* 1 *ter* et 1 *quater* CGI) | | | | | |
| | TOTAL 1 | | 1902 | | 634 | 1268 |
| Plus-values réalisées au cours des exercices antérieurs | Imposition répartie | | Montant net des plus-values réalisées à l'origine | Montant antérieurement réintégré | Montant rapporté au résultat de l'exercice | Montant restant à réintégrer |
| | sur 3 ans au titre de | N-1 | 2100 | 700 | 700 | 700 |
| | | N-2 | 3300 | 2200 | 1100 | 0 |
| | Sur 10 ans ou sur une durée différente (art. 39 *quaterdecies* 1 *ter* et 1 *quater* du CGI) (à préciser) au titre de : | N-1 | | | | |
| | | N-2 | | | | |
| | | N-3 | | | | |
| | | N-4 | | | | |
| | | N-5 | | | | |
| | | N-6 | | | | |
| | | N-7 | | | | |
| | | N-8 | | | | |
| | | N-9 | | | | |
| | TOTAL 2 | | 5400 | 2900 | 1800 | 700 |

**B PLUS-VALUES RÉINTÉGRÉES DANS LES RÉSULTATS DES SOCIÉTÉS BÉNÉFICIAIRES DES APPORTS**
Cette rubrique ne comprend pas les plus-values afférentes aux biens non amortissables ou taxées lors des opérations de fusion ou d'apport.

☐ Plus-values de fusion, d'apport partiel ou de scission (personnes morales soumises à l'impôt sur les sociétés seulement)

☐ Plus-values d'apport à une société d'une activité professionnelle exercée à titre individuel (toutes sociétés)

| Origine des plus-values et date des fusions ou des apports | Montant net des plus-values réalisées à l'origine | Montant antérieurement réintégré | Montant rapporté au résultat de l'exercice | Montant restant à réintégrer |
|---|---|---|---|---|
| | | | | |
| | | | | |
| | | | | |
| | | | | |
| | | | | |
| | | | | |
| | | | | |
| | | | | |
| | | | | |
| | | | | |
| | | | | |
| | | | | |
| | | | | |
| | | | | |
| TOTAL | | | | |

* Des explications concernant cette rubrique sont données dans la notice n° 2032

N° 20594 - IMPRIMERIE NATIONALE Février 2015 - 145 840

**15. Indiquer la raison pour laquelle l'EIRL WindWin doit cocher la case « Néant » de l'imprimé 2059-C-SD pour l'exercice 2022.**

La case « Néant », située en haut à droite du formulaire 2059-C-SD, doit être cochée, car le formulaire va être déposé sans information (il n'y a pas de moins-value nette à LT antérieure à imputer).

**SUIVI DES MOINS-VALUES À LONG TERME**

DGFiP N° 2059-C-SD

*Formulaire obligatoire (article 53 A du Code général des impôts)*

| Désignation de l'entreprise | EIRL WindWin | Néant ☒ * |
|---|---|---|

| | | |
|---|---|---|
| | Rappel de la plus-value de l'exercice relevant du taux de 15 % ❶ ou de 12,8 % ❷ | 2 550 |
| ❶ Entreprises soumises à l'IS | Gains nets retirés de la cession de titre de sociétés à prépondérance immobilière non cotées exclus du régime du long terme (art. 219 I a *sexies-0 bis* du CGI) ❶ | |
| ❷ Entreprises soumises à l'IR | Gains nets retirés de la cession de certains titres dont le prix de revient est supérieur à 22,8 M € (art. 219 I a *sexies*-0 du CGI) ❶ | |

**I – SUIVI DES MOINS-VALUES DES ENTREPRISES SOUMISES À L'IMPÔT SUR LE REVENU**

| Origine | | Moins-values à 12,8 % | Imputations sur les plus-values à long terme de l'exercice imposables à 12,8 % | Solde des moins-values à 12,8 % |
|---|---|---|---|---|
| ① | | ② | ③ | ④ |
| Moins-values nettes | N | | | |
| Moins-values nettes à long terme subies au cours des dix exercices antérieurs (montants restant à déduire à la clôture du dernier exercice) | N – 1 | | | |
| | N – 2 | | | |
| | N – 3 | | | |
| | N – 4 | | | |
| | N – 5 | | | |
| | N – 6 | | | |
| | N – 7 | | | |
| | N – 8 | | | |
| | N – 9 | | | |
| | N – 10 | | | |

**II – SUIVI DES MOINS-VALUES À LONG TERME DES ENTREPRISES SOUMISES À L'IMPÔT SUR LES SOCIÉTÉS ***

| Origine | | Moins-values | | | Imputations sur les plus-values à long terme | Imputations sur le résultat de l'exercice | Solde des moins-values à reporter (col.J= S+D+F-G-H ) |
|---|---|---|---|---|---|---|---|
| | | À 19 %, 16,5%(1) ou à 15 % | À 19 % ou 15 % imputables sur le résultat de l'exercice (art.219 I à *sexies*-0 du CGI) | À 19 % ou 15 % imputables sur le résultat de l'exercice (art.219 I à *sexies*-0 *bis* du CGI) | À 15 % ou à 16,5 % (1) | | |
| ① | | ② | ③ | ④ | ⑤ | ⑥ | ⑦ |
| Moins-values nettes | N | | | | | | |
| Moins-values nettes à long terme subies au cours des exercices antérieurs (montants restant à déduire à la clôture du dernier exercice) | N – 1 | | | | | | |
| | N – 2 | | | | | | |
| | N – 3 | | | | | | |
| | N – 4 | | | | | | |
| | N – 5 | | | | | | |
| | N – 6 | | | | | | |
| | N – 7 | | | | | | |
| | N – 8 | | | | | | |
| | N – 9 | | | | | | |
| | N – 10 | | | | | | |

(1) Les plus-values et les moins-values à long terme afférentes aux titres de SPI cotées imposables à l'IS relèvent du taux de 16,5 % (article 219 I a du CGI), pour les exercices ouverts à compter du 31 décembre 2007.

* Des explications concernant cette rubrique figurent dans la notice n° 2032-NOT-SD

## V. Synthèse

P7 **16. Terminer le tableau préparatoire du résultat fiscal de l'EIRL WindWin en procédant au calcul arithmétique de ce résultat pour l'exercice 2022.**

**Tableau préparatoire pour la détermination du résultat fiscal**

| **Détermination du résultat fiscal : analyse et calcul** | **Réintégrations** | **Déductions** | **Ligne 2058-A** | |
|---|---|---|---|---|
| Résultat comptable | 51 302,00 | | | Chapitre 7 Produits |
| Revenu des titres, non imposable dans la catégorie des BIC. À déclarer dans la catégorie des RCM | | 1 440,00 | | |
| Différence de conversion passif : gain latent imposable | 32,98 | | | |
| Loyer de véhicule particulier (voir calculs question 5, chapitre 8) | 1 455,00 | | | Chapitre 8 Charges décaissées |
| Location d'un yacht : charge somptuaire | 1 200,00 | | | |
| Rémunération d'un travail de l'exploitant, considérée comme un prélèvement sur les bénéfices : charge non déductible | 36 000,00 | | | |
| Perle latente (compte 47610) : écart de conversion actif déductible du RF | | 20,73 | | |
| Provision pour perte de change non déductible afin d'éviter la double déduction avec l'écart de conversion actif | 20,73 | | | |
| Pénalités pour retard de paiement : charges non déductibles | 218,00 | | | |
| Contravention routière : charge non déductible | 90,00 | | | |
| Don à une association reconnue d'utilité publique : charge non déductible | 1 000,00 | | | |
| Amortissements Nissan Navara VP (voir calculs) | 3 758,33 | | | Chapitre 9 Charges calculées |
| Amortissement Renault Clio (voir calculs) | 220,83 | | | Chapitre 10 Plus et moins-values |
| PVNCT 2021 : 1 902 €, étalement par 1/3 sur 3 ans dès l'exercice de réalisation de la PVNCT : 1 902 × 2/3 = 1 268 € | | 1 268,00 | | |
| PVNLT 2021 : 2 550 €, imposable au PFU de 12,8 % | | 2 550,00 | | |
| PVNCT 2020 : 2 100 × 1/3 = 700 € | 700,00 | | | |
| PVNCT 2019 : 3 300 × 1/3 = 1 100 € | 1 100,00 | | | |
| PVNCT 2018 : 4 500 €, totalement imposée depuis 2020 | | | | |
| **Totaux** | **97 097,87** | **5 278,73** | | |
| **Résultat fiscal** | **91 819,14** | | | |

Le résultat fiscal est donc de 91 819 €.

# Corrigé de l'application

## Application – L'entreprise Clos (p. 171)

**1. Indiquer pour quelle raison il n'y a pas d'amortissements dérogatoires pour les plans d'amortissement de l'entrepôt et du véhicule particulier.**

L'amortissement dérogatoire permet de prendre en compte les divergences entre le plan d'amortissement économique et le plan d'amortissement fiscal portant sur la base, la durée ou le mode d'amortissement.

S'il n'y a pas de divergence, il n'y a pas recours à l'amortissement dérogatoire.

**2. Justifier, si nécessaire par le calcul, les sommes figurant sur le formulaire 2059-A-SD et entourées par votre maître de stage.**

| Bien | Élément | Justification |
|---|---|---|
| Entrepôt | Valeur d'origine 135 600 | L'entrepôt est un bien immeuble cédé au-delà du délai de 5 ans. Sa cession fait l'objet d'un reversement de TVA de 15 600 soit : (120 000 × 20 % × 13/20).<br>La valeur d'origine comprend donc la valeur d'acquisition HT + le reversement de TVA :<br>120 000 + 15 600 = 135 600. |
| | Valeur résiduelle 98 600 | La valeur résiduelle s'obtient par différence entre la valeur d'origine et les amortissements pratiqués en franchise d'impôt : 135 600 – 37 000 = 98 600 |
| Véhicule de tourisme | Amortissements pratiqués en franchise d'impôt 4 455 | Fraction des amortissements du véhicule de tourisme fiscalement admis en déduction. Le taux de rejet de $CO_2$ du véhicule est de 240 g/km (> 165 g/km, car N–2 = 2020), la limite de calcul des amortissements est de 9 900 €.<br>Cumul des amortissements déductibles :<br>13 500 / 30 000 × 9 900 = 4 455 € |
| | Amortissements exclus des charges déductibles 9 045 | Fraction des amortissements non déductibles :<br>Cumul des amortissements comptables : 13 500<br>Cumul des amortissements déductibles : – 4 455<br>Cumul des amortissements non déductibles : 9 045<br>Ces amortissements non déductibles constituent une plus-value à CT. |
| Titres « KOKA » | Valeurs d'origine 8 900 et 7 520 | 180 titres « KOKA » ont été cédés, la méthode du PEPS a été retenue.<br>Il convient de dissocier ces titres en deux lots en fonction de leur date d'acquisition :<br>Lot 1 : titres acquis le 21/10/N–4 (plus de 2 ans)<br>100 titres acquis à 89 € = 8 900 €<br>Lot 2 : titres acquis le 11/11/N–1 (moins de 2 ans)<br>80 titres acquis à 94 € = 7 520 € |
| | Prix de vente 11 400 et 9 120 | Lot 1 : 100 titres cédés à 114 € = 11 400 €<br>Lot 2 : 80 titres cédés à 114 € = 9 120 € |
| Dépréciation des titres | Provisions pour dépréciations des titres devenus sans objet 480 | Reprise de dépréciation des titres « AXAS » cédés (compte 78665) |

| Bien | Élément | Justification |
|---|---|---|
| | Dotation aux comptes de provisions pour dépréciations des titres – 1 394 | Dotation aux dépréciations des titres « Label Farine » (compte 68662) |
| Plus ou moins-value nette | À CT : 31 100<br>À LT : 25 986 | Total algébrique des colonnes |

**3. Justifier la qualification fiscale de chacune des plus ou moins-values.**

| Élément | Justification de la qualification fiscale des plus et moins-values |
|---|---|
| Entrepôt | Bien amortissable de plus de 2 ans, la plus-value de 61 712 € est :<br>– à CT dans la limite des amortissements : soit 37 000 € ;<br>– à LT au-delà : 61 400 – 37 000 = 24 400 (ou de vente 160 000 – Valeur d'origine 135 600) |
| Véhicule particulier | Bien amortissable, la moins-value de 16 545 € est toujours à CT et les amortissements non déductibles de 9 045 € constituent une plus-value à CT. |
| Titres « KOKA » | Sur le lot 1, la plus-value de 2 500 € est à LT, car les titres sont détenus depuis plus de 2 ans.<br>Sur le lot 2, la plus-value de 1 600 € est à CT, car les titres sont détenus depuis moins de 2 ans, mais cédés avec des titres de même nature détenus depuis plus de 2 ans. |
| Reprises sur dépréciations des titres | Les reprises sur dépréciations des titres (quelle que soit la nature du titre) relèvent du régime des plus-values à LT : 480 €. |
| Dotations aux dépréciations de titres | Les dotations aux dépréciations des titres (quelle que soit la nature du titre) relèvent du régime des moins-values à LT : – 1 394 €. |

**4. Déterminer le montant de la plus ou moins-value sur le véhicule d'après le tableau de calcul de la fiche ressource 2. Comment fait-on le lien avec le formulaire 2059-A-SD ?**

| | | |
|---|---|---|
| Prix de cession : | | 9 000 |
| Coût d'acquisition : | 30 000 | |
| Cumul amortissements économiques : | – 13 500 | |
| VCN : | 16 500 | – 16 500 |
| **Moins-value fiscale :** | | **– 7 500** |

Cette moins-value fiscale se retrouve dans le formulaire, mais ventilée sur 2 lignes :

| | | |
|---|---|---|
| Prix de cession : | | 9 000 |
| Coût d'acquisition : | 30 000 | |
| Cumul des amortissements fiscalement admis en déduction : | – 4 455 | |
| 13 500 / 30 000 × 9 900 = 4 455 | | |
| Valeur résiduelle fiscale : | – 25 545 | – 25 545 |
| Moins-value à CT fiscale (**ligne 2**) : | | **– 16 545** |
| Amortissements fiscalement non déductibles : | | |
| 13 500 – 4 455 = 9 045 | | |
| Plus-value à CT fiscale (**ligne 15**) : | | **+ 9 045** |

**– 16 545 + 9 045 = – 7 500**
**On retrouve la moins-value fiscale de – 7 500 € déterminée ci-dessus.**

 

**5. Indiquer la raison pour laquelle les titres « AXAS » ne figurent pas sur l'imprimé 2059-A-SD.**

Les titres « AXAS » cédés ne figurent pas sur le formulaire 2059-A-SD, car ils ont été acquis depuis moins de 2 ans. Le résultat de cession ne relève pas du régime des plus et moins-values professionnelles.

**6. Identifier les PVNCT imposables en N sur le formulaire 2059-B-SD.**

Les PVNCT imposables en N sont les suivantes :
– la PVNCT de N de 31 100 € sera étalée sur 3 ans (on déduit 2/3 en N et l'on réintégrera 1/3 en N+1 puis N+2), donc le montant compris dans le résultat fiscal de N est de : 31 100 × 1/3 = 10 367 € ;
– la PVNCT de N–1 de 45 000 € sera étalée sur 3 ans dont 1/3 est imposable en N, donc le montant rapporté au résultat de N est de 15 000 € ;
– la PVNCT de N–2 de 21 000 € sera étalée sur 3 ans dont 1/3 est imposable en N, donc le montant rapporté au résultat de N est de 7 000 €.

**7. Calculer le montant de la PVNLT effectivement imposée au titre de N. Calculer l'impôt correspondant (sans tenir compte des prélèvements sociaux).**

L'entreprise dégage, au titre de l'exercice N, une PVNLT de 25 986 €.

Elle avait dégagé :
– au titre de N–3, une MVNLT de 5 000 € ;
– au titre de N–2, une MVNLT de 13 000 €.

Ces MVNLT peuvent s'imputer sur les PVNLT des 10 exercices suivants.

Ces deux MVNLT peuvent s'imputer sur la PVNLT de N :

| | |
|---|---|
| PVNLT N : | 25 986 |
| MVNLT N–3 : | – 5 000 |
| MVNLT N–2 : | – 13 000 |
| PVNLT de N imposée : | 7 986 |

L'impôt à 12,8 % sur les PVNLT dont sera redevable l'entreprise Clos au titre de l'exercice N sera de : 7 986 × 12,8 % = 1 022,21 soit 1 022.

# Chapitre 10 — Synthèse

## I. Le champ d'application des plus ou moins-values professionnelles

On distingue le régime général des cas particuliers :

| | Champ d'application | Type d'opération |
|---|---|---|
| **Régime général** | Sortie de l'actif (cession ou mise au rebut) | Cession de biens non amortissables (sauf les titres) |
| | | Cession de biens amortissables (sauf les brevets) |
| **Régimes particuliers** | Titres (inscrits en classe 2 ou 5) | Cessions de titres |
| | | Provisions pour dépréciations : dotations ou reprises |

## II. Le régime général : calcul et qualification de la plus ou moins-value professionnelle

### 1. Les biens non amortissables

**• Tableau de calcul de la plus ou moins-value fiscale**

| |
|---|
| Prix de cession *(compte 775)* |
| – Coût d'acquisition *(compte 2. ou 675)* |
| = Plus-value fiscale si Prix de cession > Coût d'acquisition |
| = Moins-value fiscale si Prix de cession < Coût d'acquisition |

**• Qualification fiscale de la plus ou moins-value**

| | Plus-values | | Moins-values | |
|---|---|---|---|---|
| | **2 ans au moins** | **Moins de 2 ans** | **2 ans au moins** | **Moins de 2 ans** |
| **Bien non amortissable** | **Long terme** | **Court terme** | **Long terme** | **Court terme** |

### 2. Les biens amortissables

**• Tableau de calcul de la plus ou moins-value fiscale par l'exemple :**

| | | |
|---|---|---|
| Prix de cession *(compte 775)* | | 10 000 |
| Coût d'acquisition *(compte 2.)* | 8 000 | |
| + Reversement de TVA | + 1 000 | |
| – Complément de déduction de TVA | – X | |
| = Valeur d'origine rectifiée | 9 000 | |
| – Cumul des amortissements économiques *(compte 28)* | – 5 000 | |
| = Valeur comptable nette rectifiée *(compte 675)* | 4 000 | – 4 000 |
| = Plus ou moins-value comptable | | 6 000 |
| + Reprise pour solde des amortissements dérogatoires (compte 78725) | | + 3 000 |
| = Plus ou moins-value fiscale | | 9 000 |

**• Qualification fiscale de la plus ou moins-value**

| | Plus-values | | Moins-values | |
|---|---|---|---|---|
| | 2 ans au moins | Moins de 2 ans | 2 ans au moins | Moins de 2 ans |
| **Bien amortissable** | **Court terme** à hauteur des amortissements économiques pratiqués + reprises pour solde des dérogatoires **Long terme** au-delà | **Court terme** | **Court terme** | |

# III. Les régimes particuliers des titres inscrits à l'actif

**1. Les cessions de titres**

La durée de détention des titres cédés est déterminée d'après la méthode **PEPS** (premier entré premier sorti).

| Durée de détention des titres cédés | Incidence fiscale |
|---|---|
| Titres détenus depuis plus de 2 ans | PVLT ou MVLT |
| Titres détenus depuis moins de 2 ans, mais cédés en même temps que des titres de même nature détenus depuis plus de 2 ans | PVCT ou MVCT |
| Titres détenus depuis moins de 2 ans et cédés seuls | Résultat d'exploitation exclu du régime des plus ou moins-values professionnelles : aucun retraitement fiscal de ce résultat de cession |

**2. Les provisions pour dépréciations de titres**

• Les dotations aux provisions pour dépréciations sont assimilées à des moins-values à long terme (MVLT).

• Les reprises sur provisions sont assimilées à des plus-values à long terme (PVLT).

# IV. La détermination des plus ou moins-values nettes et le régime fiscal applicable

**• La détermination par le calcul**

L'entreprise doit opérer une compensation entre les plus et moins-values à CT et les plus et moins-values à LT :

Somme des PVCT – Somme des MVCT = PVNCT ou MVNCT

Somme des PVLT – Somme des MVLT = PVNLT ou MVNLT

• **Le régime fiscal applicable**

| **PVNCT**<br>**Deux possibilités d'imposition au choix de l'entreprise** | **MVNCT** |
|---|---|
| Soit imposition immédiate : aucun retraitement fiscal. | Déduction immédiate : aucun retraitement fiscal |
| Soit étalement sur 3 ans dès l'exercice de réalisation : déduction de 2/3 de la plus-value nette réalisée en N puis réintégration de 1/3 de la PVNCT de N en N+1 et N+2 | |
| **PVNLT** | **MVNLT** |
| Imposition au taux du PFU 12,8 % (+ prélèvements sociaux de 17,2 %) : à déduire du résultat fiscal pour l'imposer au taux de 12,8 % | Imputation sur les PVNLT des 10 exercices suivants : à réintégrer en N |

## V. La détermination et retraitement des plus ou moins-values nettes : les formulaires fiscaux

Le formulaire 2059-A-SD (réel normal) ou 2033-C-SD (réel simplifié) permet de déterminer les plus ou moins-values nettes à court et long terme.

Le formulaire 2059-B-SD permet de suivre l'étalement des plus-values nettes à court terme.

Le formulaire 2059-C-SD permet de suivre l'imputation des moins-values nettes à long terme.

**Complément :**

Pour les exercices ouverts depuis le 1er janvier 2019, le régime de faveur des produits de la propriété industrielle est mis en conformité avec l'approche « nexus » recommandée par l'OCDE et l'UE. Le nouveau régime, étendu aux logiciels protégés par le droit d'auteur, consiste à déduire des produits de concession, sous-concession et cession les dépenses de recherche et développement (R&D) correspondantes puis à appliquer à ce résultat net un ratio afin de corréler l'avantage fiscal au montant des dépenses de R&D réalisées par l'entreprise ou par une entreprise non liée. **La proportion de résultat net ainsi déterminée ne relève plus du régime des plus-values à long terme, mais est taxée séparément au taux de 10 %, que l'entreprise soit passible de l'impôt sur les sociétés ou qu'elle relève de l'impôt sur le revenu.**

# Chapitre 11

# BIC : la déclaration du résultat fiscal

## Positionnement du chapitre dans le référentiel

| | |
|---|---|
| **Activité** | 3.3. Traitement des opérations relatives aux impôts directs |
| **Composante d'activité** | 3.3.3. Établissement, contrôle et transmission de la déclaration du résultat |
| **Savoirs associés** | – Liasse fiscale simplifiée ou normale<br>– Obligations déclaratives des entreprises soumises au régime du réel simplifié et du réel normal<br>– Réintégrations et déductions extracomptables de nature fiscale |
| **Compétence** | Établir, contrôler et transmettre la déclaration de résultat imposable correspondant au régime fiscal |
| **Liens P7** | – La mise en œuvre des règles de base en matière de sécurité<br>– La localisation des ressources |
| **Vers Pix** | 4.1. Sécuriser l'environnement numérique |

## Travail à faire (p. 176)

### I. Les obligations relatives à la liasse fiscale

**1. Indiquer et justifier les formulaires de la liasse fiscale à renseigner pour l'EIRL WindWin.**

L'EIRL WindWin est soumise au régime du réel normal. Elle devra donc renseigner les formulaires de la liasse fiscale suivants :

– tableaux comptables : formulaires 2050 à 2057 ;

– tableaux fiscaux : formulaires 2058 à 2059-G ;

– formulaire 2031 de déclaration des BIC.

**2. Préciser à quelle date au plus tard la télétransmission de la liasse fiscale doit être effectuée pour l'exercice 2022.**

La liasse fiscale doit être télétransmise le 2e jour ouvré suivant le 1er mai au plus tard, soit le 3 mai 2023. Cependant, l'EIRL WindWin utilise les téléprocédures avec l'échange de données informatisées (EDI) et dans ce cadre, l'administration fiscale accorde un délai supplémentaire de 15 jours calendaires, soit finalement le 19 mai 2023 (car le 18 mai 2023 est un jour férié).

**3. Indiquer comment doivent être arrondis les montants figurant sur les formulaires fiscaux.**

Les montants qui figurent sur les formulaires fiscaux doivent être arrondis à l'euro le plus proche.

P7 **4. Suite au mandat signé par l'EIRL WindWin au cabinet ExpertPlus, préciser la modalité de déclaration applicable à la liasse fiscale. Quel est le portail utilisé ? Vérifier si l'accès à ce portail est sécurisé.**

Suite au mandat de télétransmission signé avec le cabinet ExpertPlus, c'est en mode EDI que se fera la télétransmission de la liasse fiscale. Le portail utilisé est *Jedeclare.com*, portail de l'Ordre des experts-comptables. L'accès au portail *Jedeclare.com* est sécurisé par un « login » et un mot de passe.

## II. Le contrôle et l'établissement du formulaire 2058-A-SD

**5. Indiquer la raison pour laquelle les revenus de capitaux mobiliers (1 440 €) n'ont pas été générés sur le formulaire 2058-A-SD, mais sur le formulaire 2031-SD (*voir Fiche ressource 4 du chapitre 7*).**

Les revenus de placements financiers liés à l'activité professionnelle restent inclus dans le résultat fiscal déterminé par le formulaire 2058-A-SD, mais ils doivent être exclus des revenus relevant de la catégorie des BIC pour être soumis à l'IR dans la catégorie des RCM sur le formulaire 2031-SD.

**6. Contrôler la cohérence entre votre tableau préparatoire et les sommes portées sur les lignes du formulaire générées par le PGI. Reporter le code de ces lignes sur le tableau préparatoire.**

**Tableau préparatoire pour la détermination du résultat fiscal de l'entreprise WindWin**

| Détermination du résultat fiscal : analyse et calcul | Réintégrations | Déductions | Ligne 2058-A | |
|---|---|---|---|---|
| Résultat comptable | 51 302,00 | | WA | Chapitre 7 Produits |
| Revenu des titres, non imposable dans la catégorie des BIC. À déclarer dans la catégorie des RCM | | 1 440,00 | **Sur 2031-SD** | |
| Différence de conversion passif : gain latent imposable | 32,98 | | WQ | |
| Loyer de véhicule particulier *(voir calculs question 5, chapitre 8)* | 1 455,00 | | WF | Chapitre 8 Charges décaissées |
| Location d'un yacht : charge somptuaire | 1 200,00 | | WF | |
| Rémunération d'un travail de l'exploitant, considérée comme un prélèvement sur les bénéfices : charge non déductible | 36 000,00 | | WB | |
| Perle latente (compte 47610) : écart de conversion actif déductible du RF | | 20,73 | XG | |
| Provision pour perte de change non déductible afin d'éviter la double déduction avec l'écart de conversion actif | 20,73 | | WI | |
| Pénalités pour retard de paiement : charges non déductibles | 218,00 | | WJ | |
| Contravention routière : charge non déductible | 90,00 | | WJ | |
| Don à une association reconnue d'utilité publique : charge non déductible | 1 000,00 | | WQ | |
| Amortissements Nissan Navara VP *(voir calculs)* | 3 758,33 | | WE | Chapitre 9 Charges calculées |
| Amortissement Renault Clio *(voir calculs)* | 220,83 | | WE | Chapitre 10 Plus et moins-values |
| PVNCT 2022 : 1 902 €, étalement par 1/3 sur 3 ans dès l'exercice de réalisation de la PVNCT : 1 902 × 2/3 = 1 268 € | | 1 268,00 | WZ | |
| PVNLT 2022 : 2 550, imposable au PFU de 12,8 % | | 2 550 | WV | |
| PVNCT 2021 : 2 100 × 1/3 = 700 € | 700,00 | | WN | |

| Détermination du résultat fiscal : analyse et calcul | Réintégrations | Déductions | Ligne 2058-A |
|---|---|---|---|
| PVNCT 2020 : 3 300 × 1/3 = 1 100 € | 1 100,00 | | WN |
| PVNCT 2019 : 4 500 €, totalement imposée depuis 2021 | | | |
| **Totaux** | **97 097,87** | **6 013,73** | |
| **Bénéfice fiscal (conforme au formulaire 2031-SD)** | **91 084,14** | | |

*Remarque :* ce tableau Excel peut être amélioré par l'étudiant par des formules conditionnelles pour automatiser, par exemple, certaines lignes du formulaire 2058-A-SD (bénéfice ou perte comptable, bénéfice ou déficit fiscal).

**7. Corriger la case « WF » et modifier en conséquence les cases « XE », « WR » et les lignes du cadre III du formulaire 2058-A-SD.**

La ligne « WF » doit être majorée de 1 455 € correspondant au loyer non déductible sur la redevance de crédit-bail du véhicule particulier (*chapitre 8, question 5*), soit : 1 200 + 1 455 = 2 655

La ligne « XE » est donc modifiée en conséquence : 5 179 + 1 455 = 6 634

La ligne « WR » devient : 95 643 + 1 455 = 97 098.

Cadre III, lignes XI et XN : 91 804 + 1 455 = 93 259

*Voir formulaire corrigé dans la Fiche ressource 4, p. 185 du livre élève.*

**8. Expliquer la raison pour laquelle le résultat fiscal obtenu après correction des lignes XI et XN du formulaire 2058-A-SD ne correspond pas à celui obtenu dans votre tableau préparatoire.**

Le tableau préparatoire contient l'ensemble des retraitements fiscaux sans distinction du formulaire sur lequel ces retraitements sont effectivement réalisés. Ainsi, le résultat fiscal déterminé par le formulaire 2058-A-SD est supérieur de 1 440 € à celui déterminé par le tableau préparatoire, qui correspond au résultat effectivement imposable dans la catégorie des BIC.

## III. Le contrôle du formulaire 2031-SD

**9. Vérifier que le bénéfice imposable obtenu sur votre tableau préparatoire est identique à celui indiqué ligne 4 du formulaire 2031-SD.**

La ligne 4 du formulaire 2031-SD indique un bénéfice imposable à l'IR dans la catégorie des BIC de 91 819 €, conforme au tableau préparatoire à quelques centimes près (à cause des arrondis sur les imprimés fiscaux).

**10. Préciser à quoi correspond la somme de 2 550 € figurant cadre 5 du formulaire 2031-SD. Sur quel formulaire de la liasse fiscale cette somme a-t-elle été déterminée ?**

La somme de 2 550 € correspond à la PVNLT de l'exercice 2022, déterminée sur le formulaire 2059-A-SD et déduite sur le formulaire 2058-A-SD, pour être imposée à son propre régime au taux proportionnel de 12,8 % (*voir chapitre 10*).

**11. Préciser l'intérêt de cocher la case « CGA/OMGA » (Centre de gestion agréé/Organisme mixte de gestion agréé) au bas du formulaire 2031-SD.**

Le fait de cocher la case « CGA/OMGA » indique à l'administration fiscale que l'entreprise WindWin adhère à un organisme de gestion agréé. L'entreprise peut ainsi bénéficier des avantages fiscaux qui découlent de cette adhésion.

## IV. Renseignement du formulaire 2042-C-PRO

**12. Justifier, dans le cadre « Revenus industriels et commerciaux professionnels », la déclaration du revenu imposable et de la plus-value de cession dans les cases « 5KC » et « 5KE ».**

Les cases « 5KC » et « 5KE » figurent bien dans la colonne « OGA/VISEUR », car l'EIRL WindWin adhère bien à un OGA. La case « 5KC » indique le montant du résultat fiscal imposable à l'IR dans la catégorie des BIC déterminé dans le cadre du régime du réel normal avec adhésion à un OGA afin d'éviter la majoration de 10 % de ce bénéfice au titre de 2022. Cette majoration sera supprimée à compter de l'exercice 2023.

La case « 5KE » indique le montant de la PVNLT taxable au taux de 12,8 %.

**13. Calculer le montant de la réduction d'impôt mécénat dont peut bénéficier l'entreprise WindWin.**

Le montant du don effectué en 2022 par l'EIRL WindWin à un organisme d'intérêt général s'élève à 1 000 €. Ce don ouvre droit à une réduction d'impôt de 60 % de l'intégralité du don, car ce dernier ne dépasse pas la limite de 20 000 €. Inutile de calculer ici la 2e limite de **5 ‰ du chiffre d'affaires HT.**

La réduction d'impôt sera donc de : 1 000 × 60 % = 600 €.

## V. L'organisation et l'archivage

**14. Rédiger un mail dans lequel le cabinet apportera les réponses aux interrogations de Mme Tardieu.**

| | |
|---|---|
| **De** | expertplus@orange.fr |
| **À** | windwin@free.fr |
| **Date** | 14/03/2023 |
| **Objet** | Re : Archivage et déficit |

Bonjour Mme Tardieu,

Nous vous remercions de l'intérêt que vous portez justement à la fiabilité de l'archivage des informations comptables, fiscales et sociales liées à votre entreprise.

Le contrat de mandat que vous avez bien voulu nous confier concernant la télétransmission des données fiscales, sociales et comptables de l'EIRL WindWin vous permet de bénéficier de l'archivage de vos déclarations pendant 10 ans. De plus, notre cabinet conserve les fichiers dématérialisés de toute votre comptabilité ainsi que vos relevés de banque.

Vous devez donc uniquement conserver pendant 10 ans toutes les pièces justificatives (factures, pièces de caisse, chéquiers, correspondances…) afin de répondre aux exigences de l'administration fiscale.

Par ailleurs, vous nous questionnez sur les conséquences d'un éventuel déficit fiscal de l'EIRL. Sachez qu'en cas de déficit, ce dernier pourra s'imputer sur le revenu global de votre foyer fiscal de la même année. Si ce revenu global est insuffisant pour l'imputation de la totalité de ce déficit, ce dernier pourra s'imputer sur le revenu global des 6 années suivantes.

Nous restons à votre disposition si vous souhaitez des informations complémentaires.

Cordialement,

Le (la) stagiaire s/c de M. Firmin, collaborateur

# Corrigé de l'application

## Application – Le cabinet d'expertise comptable SudExpert (p. 187)

**1. Préciser et justifier le régime fiscal dont dépend l'entreprise de M. Dalery pour l'exercice N (N = 2022).**

L'entreprise individuelle de M. Dalery a pour activité la vente de biens. Son chiffre d'affaires hors taxes de 1 956 200 € est supérieur au seuil de 818 000 €. Elle est donc soumise à l'IR dans la catégorie des BIC dans le cadre du régime du réel normal.

**2. Démontrer que l'entreprise de M. Dalery pratique l'étalement des PVNCT.**

Le formulaire 2059-B-SD nous indique que la PVNCT réalisée en N (74 438) et celle réalisée en N–2 (15 600) bénéficient d'un étalement par 1/3 sur 3 ans dès l'exercice de réalisation de ces PVNCT.

P7 **3. Reconstituer sous Excel le tableau préparatoire à la détermination du résultat fiscal de l'exercice N, puis compléter la colonne d'identification de la ligne du formulaire 2058-A-SD.**

*Voir page suivante.*

**4. Vérifier la concordance du résultat fiscal du tableau préparatoire avec le résultat fiscal du formulaire 2058-A-SD.**

Les lignes XI et XN du formulaire 2058-A-SD mentionnent un bénéfice fiscal identique à notre tableau préparatoire. Il n'y a donc pas de sommes déductibles à mentionner sur le formulaire 2031-SD.

**5. Indiquer sur quels documents seront reportés le résultat fiscal et la PVNLT mentionnés sur le formulaire 2058-A-SD.**

Le résultat fiscal de 81 045 € qui figure sur la ligne XN du formulaire 2058-A-SD sera à reporter sur le formulaire 2031-SD, cadre C, ligne 1 (colonne 1) puis ligne 4.

La PVNLT de 23 430 € qui figure ligne WV du formulaire 2058-A-SD sera à reporter sur le formulaire 2031-SD, cadre C, ligne 5.

**6. Préciser le montant du résultat fiscal qui sera effectivement imposé à l'IR.**

Le montant du bénéfice imposé à l'IR dans la catégorie des BIC (celui mentionné ligne 4 colonne 1 du formulaire 2031-SD) devra être majoré de 10 %, car l'entreprise Dalery n'adhère pas à un OGA et ne dispose pas d'un visa fiscal délivré par le cabinet SudExpert.

L'administration fiscale sanctionne donc ces entreprises.

Ce bénéfice imposable à l'IR dans la catégorie des BIC sera donc de :
81 045 × 1,10 = 89 150

 

### Tableau préparatoire du résultat fiscal de l'entreprise Dalery (*question 3)*

| Détermination du résultat fiscal : analyse et calcul | Réintégrations | Déductions | Ligne 2058-A |
|---|---|---|---|
| Résultat comptable | 120 846 | | WA |
| a) Loyer habitation principale : charge à caractère personnel non déductible | 7 300 | | WD |
| b) Location résidence secondaire : charge somptuaire non déductible | 1 200 | | WF |
| c) Crédit-bail du véhicule particulier : $CO_2$ =280 g/km > 160 g/km<br>Amortissement théorique : 36 500 × 20 % = 7 300 €<br>Amortissement théorique maximum : 9 900 × 20 % = 1 980 €<br>Redevance non déductible : 5 320 € | 5 320 | | WF |
| d) Prime d'assurance-vie : déductible lors de la constatation de l'indemnité (en principe lors du décès) donc non déductible l'exercice du versement | 4 000 | | WQ |
| e) Honoraires d'avocat pour un litige avec le syndic de son appartement : charge à caractère personnel | 1 300 | | WD |
| f) Cadeaux d'affaires : gestion normale : charge normalement déductible | | | |
| g) Rémunération de l'exploitant : considérée comme un prélèvement sur les bénéfices donc non déductible | 23 000 | | WB |
| h) Salaire du conjoint : considéré comme un salarié dont la rémunération est justifiée par rapport au travail fourni et dont le salaire a donné lieu au versement des cotisations sociales. Charge normalement déductible donc aucun retraitement. | - | | - |
| i) Cotisations sociales obligatoires : normalement déductibles<br>Cotisations facultatives : 3 300 € < plafond 16 123 € : normalement déductibles donc aucun retraitement | - | | - |
| j) Don non déductible (ouvre droit à une réduction d'IR) | 12 000 | | WQ |
| k) Amende pour infraction au Code de la route : non déductible | 100 | | WJ |
| l) Majoration : non déductible | 120 | | WJ |
| m) Rappel d'impôt : suit le régime de l'impôt : CET normalement déductible | | | |
| n) Amortissement véhicule Golf : $CO_2$ = 100 g/km (compris entre 50 g et 160 g)<br>Amortissement pratiqué : 24 350 × 20 % × 210 / 360 = 2 841<br>Amortissement maximum : 18 300 × 20 % × 210 / 360 = 2 135<br>Amortissement non déductible : 706 | 706 | | WE |
| o) Amortissement véhicule cédé : $CO_2$ = 120 g/km (compris entre 50 g et 165 g)<br>Amortissement pratiqué : 28 000 × 20 % × 150 / 360 = 2 333<br>Maximum déductible : 18 300 × 20 % × 150 / 360 = 1 525<br>Amortissement non déductible : 808 | 808 | | WE |
| p) Dotation pour risques économiques non déductible, car risque éventuel, donc reprise non imposable | | 20 000 | WU |
| q) Dotation aux provisions pour pertes de change non déductible pour éviter la double déduction avec l'écart de conversion actif | 250 | | WI |
| Écart de conversion actif : perte latente déductible | | 250 | XG |
| r) Dividendes non liés à l'activité professionnelle à imposer dans la catégorie des RCM. | | 1 800 | XG |
| PVNCT N : formulaires 2059-A-SD et 2059-B-SD : étalement | | 49 625 | WZ |
| PVNCT N–2 : formulaire 2059-B-SD : étalement dernière année | 5 200 | | WN |
| PVNLT N : 29 430 € sur formulaires 2059-C-SD et 2058-A-SD<br>Dont :<br>– imposée à 12,8 % : 29 430 – 6 000 = 23 430 sur ligne WV<br>– imputée sur MVNLT : 6 000 ligne WW | | 29 430 | Dont 23 430 en WV et 6000 en WW |
| **Totaux** | **182 150** | **101 105** | WR et XH |
| **Résultat fiscal** | **81 045** | | XI et XN |

**7. Calculer l'impôt sur la PVNLT (sans tenir compte des abattements sur la construction ni des prélèvements sociaux).**

La PVNLT de N imposée à 12,8 % est celle mentionnée ligne WV du formulaire 2058-A-SD : 23 430 €.

Soit :

| | |
|---|---|
| PVNLT de N : | 29 430 |
| MVNLT de N-3 : | – 6 000 |
| PVNLT imposée : | 23 430 |

Impôt sur PVNLT : 23 430 × 12,8 % = 2 999,04 soit 2 999 €.

**8. Vous avez constaté la comptabilisation en charges de certains éléments ayant le caractère de dépenses personnelles. Proposer, pour ces éléments, une autre comptabilisation afin d'éviter les retraitements fiscaux.**

Les éléments ayant le caractère fiscal de « dépenses personnelles » peuvent faire l'objet d'un enregistrement dans le compte 108 « Compte de l'exploitant », ce qui semble préférable pour la détermination d'un résultat comptable de l'entreprise plus proche de la réalité économique.

**9. Que pouvez-vous conseiller à M. Dalery afin d'éviter la majoration de 10 % de son résultat fiscal imposable ?**

M. Dalery devrait adhérer à un OGA afin d'éviter la majoration de 10 % de son bénéfice fiscal imposé à l'IR ou bien obtenir un « visa fiscal » de son cabinet d'expertise comptable.

**10. Calculer le montant de la réduction d'impôt pour mécénat dont peut bénéficier M. Dalery suite au don effectué par l'intermédiaire de son entreprise, sachant que le chiffre d'affaires HT de l'exercice N s'élève à 2 140 400 €.**

Le don à la fondation de France de 12 000 € est inférieur au seuil de 20 000 €. L'entreprise Dalery peut bénéficier d'une réduction d'impôt de 60 % sur l'intégralité de son don, quel que soit son chiffre d'affaires.

La réduction d'impôt s'élèvera donc à 12 000 × 60 % = 7 200 €.

# Chapitre 11 — Synthèse

## I. Les principales caractéristiques des régimes réels d'imposition

| | Régime simplifié (RS) | Régime normal (RN) |
|---|---|---|
| **Conditions d'application** | L'application d'un RS d'imposition ou d'un RN dépend du CA HT de l'entreprise et éventuellement d'une option exercée. | |
| **Obligations comptables et fiscales** | Ce sont principalement les mêmes obligations : tenir une comptabilité et établir des comptes annuels : bilan, compte de résultat et annexe. Ces documents de synthèse sont simplifiés dans le cadre du RS. | |
| **Détermination du résultat fiscal** | Les règles de détermination du résultat fiscal sont identiques, quel que soit le régime. | |
| **Régime applicable au résultat** | – Bénéfice : imposable à l'IR dans la catégorie des BIC.<br>– Déficit : imputable sur le revenu global du foyer fiscal l'année même du déficit et les 6 années suivantes si nécessaire. | |
| **Tableaux de la liasse fiscale** | Formulaires 2033-A à G + formulaire 2031 | Formulaires 2050 à 2059-G + formulaire 2031 |

## II. Les obligations et les modalités de déclaration des BIC

| | |
|---|---|
| **Obligations déclaratives** | Déclaration annuelle de résultats (liasse fiscale : formulaire 2031 et ses annexes — *voir Fiche ressource 2*) sous forme dématérialisée (téléprocédure). |
| **Délais légaux de déclaration** | Date limite de dépôt : le 2e jour ouvré qui suit le 1er mai + 15 jours calendaires de délai supplémentaire si télédéclarations EDI ou EFI.<br>Le défaut de production dans les délais entraîne une majoration de 10 %. |
| **Délais de conservation et archivage** | Les documents comptables doivent être conservés 10 ans.<br>L'archivage peut se faire sous forme papier ou dématérialisée. Pour les comptabilités informatisées, les fichiers des écritures comptables doivent présenter des garanties suffisantes en termes de conservation et de préservation de l'intégrité (format fixé par l'administration fiscale). |

## III. Les renseignements à mentionner sur la déclaration 2042 C PRO

Les BIC sont l'une des catégories de revenus des personnes physiques imposés à l'IR. À ce titre, l'exploitant doit renseigner une déclaration des revenus complémentaire 2042 C PRO réservée aux revenus des professions non salariées tels que les BIC.

Des dispositions fiscales permettent de diminuer le montant de l'impôt à payer par le foyer fiscal de l'exploitant en accordant, sous certaines conditions, des crédits et des réductions d'impôts aux entreprises. Aucune écriture comptable concernant ces crédits ou réductions n'est à comptabiliser dans les comptes des entreprises individuelles ou des EIRL soumises à l'IR.

À titre d'exemple, la réduction d'impôt mécénat concerne les dons effectués par les entreprises. Ces dons ouvrent droit à une réduction d'impôt de 60 % du montant du don dans la limite de 20 000 € **ou 5 ‰ du chiffre d'affaires HT** lorsque ce dernier montant est plus élevé. Pour la fraction des dons supérieure à 2 millions d'euros, le taux de la réduction d'impôt est abaissé à 40 % (au lieu de 60 %), sauf pour les versements effectués par l'entreprise au profit d'organismes sans but lucratif qui aident des publics en difficulté pour la fourniture gratuite de repas, de logements, de soins, de fournitures scolaires…

N° de projet : 10280704 – Dépôt légal : juillet 2022 – N° d'imp. : F22/71307N
Imprimé en France en juin 2022 par l'Imprimerie Maury S.A.S. à Millau (12)